VOKABELTRAINER SPANISCH

- 500 Vokabeln auf Karteikarten
- Mit Lautschrift und über 800 Beispielsätzen

Baarerstr. 12
CH 6300 Zug
Gesamtherstellung: Planet Medien AG

ISBN 978-3-86146-194-4

Lernen mit der Vokabeltrainerbox

Dieser Vokabeltrainer enthält Lernkarten zu den 500 wichtigsten Vokabeln des modernen Spanisch und ist daher ideal für Lernanfänger wie für Wiedereinsteiger.

So können Sie Ihren Wortschatz leicht und spielerisch erweitern und darüber hinaus auch noch grammatikalische Grundlagen lernen.

Zur Lieferung dieser Box gehören vier Teilerpappen, die Sie zunächst in der Box befestigen müssen, um sie in fünf Fächer aufzuteilen. Die Abstände der Teilerpappen in der Box können Sie variieren. Um nach dem bewährten Fächersystem lernen zu können, sollten die Fächer von vorn nach hinten immer größer werden.

Knicken Sie den Steg an der Unterseite der Teilerpappe nach hinten. Dann setzen Sie die Teilerpappe in die Box ein, indem Sie ihre überstehenden Pappflügel auf beiden Seiten der Box in die dafür vorgesehenen Schlitze einführen. Sie steht dann leicht nach hinten geneigt.

Wenn Sie die Teilerpappen eingesetzt haben, müssen Sie nur noch die Vokabelkärtchen an der Perforierung voneinander lösen. Zunächst am besten nur so viele, wie in das erste Fach Ihrer Box bequem hineinpassen – und schon kann's losgehen!

Die Vokabelkarten

Jede Vokabelkarte enthält auf der Vorderseite eine spanische Vokabel und einen oder mehrere passende Beispielsätze, in denen die Vokabel – *kursiv* gedruckt – verwendet wird. Auf der Rückseite steht die deutsche Übersetzung.

Gleich neben der spanischen Vokabel finden Sie das Wort in Klammern in Lautschrift aufgeführt. Die richtige Aussprache lernen Sie so gleich mit.

Bei den Adjektiven ist sowohl die männliche als auch die weibliche Form der Vokabel angegeben („sympático/-a"). Das Geschlecht des Adjektivs hängt vom Geschlecht des dazugehörigen Substantivs ab. So heißt es „chico sympático" („netter Junge") und „chica sympática" („nettes Mädchen").

Die Vokabeln

Dieser Grundwortschatz wurde von Fachleuten aus verschiedenen Standardlisten und Lehrwerken zu den gebräuchlichsten spanischen Vokabeln zusammengestellt. Entscheidend für die Auswahl war, dass die Vokabeln im Spanischen besonders häufig verwendet werden.

Die Beispielsätze sind in der Regel im Präsens verfasst, es wurden aber auch verschiedene andere Zeitformen berücksichtigt. So haben Sie die Möglichkeit, ganz nebenbei auch noch die unterschiedlichen Zeiten und die Grundlagen der spanischen Grammatik kennenzulernen.

Ergänzen Sie den Wortschatz des Vokabeltrainers!

Mit den 500 Vokabeln dieses Grundwortschatzes haben Sie die Basis für Spanisch als Fremdsprache. Durch die Anwendung im Land selbst oder in Sprachkursen erweitert sich Ihr Wortschatz natürlich ständig. Schreiben Sie daher neue Vokabeln mit Beispielsatz am besten gleich auf ein kleines Kärtchen und erweitern Sie so Ihren Vokabeltrainer permanent und individuell.

Den Vokabeltrainer nutzen

Ordnen Sie eine von Ihnen bestimmte Anzahl Karteikärtchen mit der spanischen Seite nach vorn in das erste und kleinste Fach des Vokabeltrainers ein. Sie können dabei der Nummerierung (oben rechts) folgen – dann erhalten Sie eine alphabetische Ordnung genauso gut können Sie auch ein individuelles Ordnungsprinzip wählen.

Nun kann's losgehen: Lesen Sie die spanische Vokabel auf der ersten Karte und den zugehörigen spanischen Satz. Werfen Sie außerdem noch einen Blick auf die Vokabel in Lautschrift – sie verrät Ihnen, wie das Wort korrekt ausgesprochen wird. Die wichtigsten Lautschriftzeichen sind auf Seite 9 erklärt – am besten legen Sie diese Seite separat neben die Box, während Sie Vokabeln lernen. Überlegen Sie nun, was die Vokabel bedeutet und versuchen Sie, sich die Wortbedeutung mithilfe des Beispielsatzes zu erschließen.

Dann drehen Sie die Karte um. Auf der Rückseite finden Sie sowohl die deutsche

Übersetzung der Vokabel als auch die des Beispielsatzes.

Haben Sie die Vokabel richtig übersetzt? Und den Satz richtig verstanden? Dann rückt das gerade bearbeitete Kärtchen vor ins zweite Fach und Sie können das nächste Kärtchen in Angriff nehmen. War Ihre Übersetzung falsch, stecken Sie es ganz nach hinten zurück ins erste Fach.

Um im Lerntraining zu bleiben und den Wortschatz effektiv auf- und auszubauen, empfehlen wir das erste Fach am besten täglich zu bearbeiten. Der Zeitaufwand dafür ist wirklich gering. Sind alle Kärtchen im ersten Fach „verbraucht" bzw. weitergewandert, können Sie neue Kärtchen nachfüllen.

Das Fach 2 wird erst bearbeitet, wenn es voll ist. Der einzige Unterschied: Ist Ihre Übersetzungslösung falsch, wandern die Kärtchen des 2. Fachs wieder zurück in Fach 1, ist sie richtig, stecken Sie das Kärtchen in Fach 3. Dort setzen Sie die beschriebene Lernmethode genauso fort, ebenso in den Fächern 4 und 5.

Da die Fächer nach hinten hin größer werden, steigt auch der Zeitaufwand für die Bearbeitung der Kärtchen. Wenn Ihnen die Lernzeit zu lang wird, spricht nichts dagegen, die Kärtchen aufzuteilen und an zwei aufeinanderfolgenden Tagen zu bearbeiten. Teilen Sie sich Ihre Zeit individuell ein, das ist auch ganz wichtig für Ihren persönlichen Lernerfolg.

Wie auch immer Sie Ihr Lernpensum dosieren: In jedem Fall werden nur die Vokabeln, die Sie noch nicht richtig beherrschen, so lange wiederholt, bis sie »sitzen«. Vokabeln, die Sie schon beim ersten Durchgang kannten, wiederholen Sie im Optimalfall noch vier Mal, denn dann haben Sie Fach 5 durchgearbeitet. Sobald alle Karten nach der Bearbeitung von Fach 5 dort verbleiben, beherrschen Sie das Vokabular zuverlässig.

Jetzt drehen Sie die Karten um und lernen in die andere Sprachrichtung, vom Deutschen ins Spanische. Aber auch damit ist die Einsatzmöglichkeit Ihrer Vokabelbox nicht erschöpft. Spätestens jetzt sollten Sie damit beginnen, Ihre eigenen Kärtchen zu erstellen und Ihren Wortschatz sukzessive und an Ihre Bedürfnisse angepasst zu erweitern. Und selbstverständlich spricht nichts dagegen, die Arbeit am ursprünglichen Kartensatz gelegentlich zu wiederholen.

Zusatztipp für unterwegs

Sie können mit den Vokabelkärtchen auch ohne Box lernen, was ideal für unterwegs ist. Lesen Sie die spanische Seite einer Karte, überlegen Sie sich eine deutsche Übersetzung und überprüfen Sie auf der Rückseite dann deren Richtigkeit. Stimmt die gedachte Übersetzung, machen Sie mit Bleistift ein einfaches Symbol, z.B. einen Strich oder ein Kreuzchen, auf die deutschsprachige Seite. Weist eine Karte drei solcher Symbole auf, beherrschen Sie die Vokabel zuverlässig.

Angaben zur Aussprache

Beim Lernen einer Sprache ist die richtige Aussprache der Wörter sehr wichtig. Hier hilft Ihnen die Lautschrift, die jeweils rechts neben der spanischen Vokabel in eckigen Klammern steht.

Anfangs sind die speziellen Lautschriftzeichen etwas schwierig zu behalten, daher haben wir sie Ihnen in einer Liste übersichtlich und mit Beispielwörtern versehen zusammengestellt. Legen Sie die Liste beim Lernen am besten neben den Vokabeltrainer, dann haben Sie die Lautschrift immer griffbereit.

Lautschrift

Vokale

[a]	a wie in hat und haben
[e]	e wie in essen
[i]	i wie in Bibel
[o]	o wie in Ofen
[u]	u wie in Fußball

Konsonanten

[b]	weicheres b als in Berg
[ch]	ch wie in Rechen bzw. Dach
[ð]	weiches d
[j]	j wie in Anja
[n]	n wie in an
[r]	gerolltes r
[rr]	stark gerolltes r
[z]	s wie in Sonne
[s]	s wie in Kuss
[ʃ]	sch wie in schwarz
[ɵ]	ähnlich wie das englische "th"

Ist eine Tilde [˜] auf dem n, so wird der Laut wie [nj] ausgesprochen.

Das einfache Anführungszeichen ['] steht vor der Silbe mit Akzent.

Wichtige Verben

	yo – tú – él/ella – nosotros – vosotros – ellos/ellas
conocer (kennen)	conozco – conoces – conoce – conocemos – conocéis – conocen
continuar (fortsetzen)	continúo – continúas – continúa – continuamos – continuáis – continúan
dar (geben)	doy – das – da – damos – dais – dan
decir (sagen)	digo – dices – dice – decimos – decís – dicen
dormir (schlafen)	duermo – duermes – duerme – dormimos – dormís – duermen
hablar (sprechen)	hablo – hablas – habla – hablamos - habláis – hablan
hacer (tun)	hago – haces – hace – hacemos – hacéis – hacen
ir (gehen)	voy – vas – va – vamos – vais – van
jugar (spielen)	juego – juegas – juega – jugamos – jugáis – juegen
mover (bewegen)	muevo – mueves – mueve – movemos – movéis – mueven
oir (hören)	oigo – oyes – oye – oímos – oís – oyen
pedir (bitten)	pido – pides – pide – pedimos – pedís – piden
pensar (denken)	pienso – piensas – piensa – piensamos – pensáis – piensan
perder (verlieren)	pierdo – pierdes – pierde – perdemos – perdeís – pierden
poder (können)	puedo – puedes – puede – podemos – podéis – puedon
poner (setzen)	pongo – pones – pone – ponemos – ponéis – ponen
querer (mögen)	quiero – quieres – quiere – queremos – queréis – quieren
saber (wissen)	sé – sabes – sabe – sabemos – sabéis – saben
seguir (folgen)	sigo – sigues – sigue - seguimos – seguís – siguen
sentir (fühlen)	siento – sientes – siente – sentimos – sentís –sienten
tener (haben)	tengo – tienes – tiene – tenemos – tenéis – tienen
vencer (siegen)	venzo – vences – vence – vencemos – vencéis – vencen
venir (kommen)	vengo – vienes – viene – venimos – venís – vienen
ver (sehen)	veo – ves – ve – vemos –veis – ven

ajo ['acho] 21 S

A él no le gusta el *ajo*.

alegría [ale'gria] 22 S

Me ha dado una gran *alegría*.

alguien ['algien] 23 S

¿Ha llamado *alguien*?

algún/-a/-o 24 S
[al'gun/-a/-o]

¿Ha estado *alguna* vez en Italia?

Knoblauch

21

S

Er mag keinen *Knoblauch*.

Freude

22

S

Sie hat mir eine große *Freude* gemacht.

jemand

23

S

Hat *jemand* angerufen?

irgendein(mal)

24

S

Sind Sie schon *einmal* in Italien gewesen?

almorzar [almor'θar] 25 S

- Siempre *almuerzo* con mis hijos.
- Hemos *almorzado* pollo al ajillo.

alquiler [alki'ler] 26 S

El *alquiler* es muy alto.

alumno/-a [a'lumno/-a] 27 S

- Los *alumnos* de esta clase eligen a un representante.
- Hay 32 nuevos *alumnos* en el colegio.

amarillo/-a [ama'riljo/-a] 28 S

Déme la corbata *amarilla*.

zu Mittag essen

25

S

- Ich *esse* immer mit meinen Kindern *zu Mittag*.
- Wir haben Hähnchen mit Knoblauchsoße *zu Mittag gegessen*.

Miete

26

S

Die *Miete* ist sehr hoch.

Schüler/-in

27

S

- Die *Schüler* dieser Klasse wählen einen Klassensprecher.
- Es gibt 32 neue *Schüler* in der Schule.

gelb

28

S

Geben Sie mir die *gelbe* Krawatte!

ambulancia [ambu'lanθia] 29 S

La *ambulancia* llegó a tiempo.

amigo/-a [a'migo/-a] 30 S

- Mis *amigos* están invitados a la fiesta.
- Son muy buenos *amigos*.

amor [a'mor] 31 S

Pedro ha encontrado el *amor*.

animales [ani'males] 32 S

- Los *animales* notan los cambios de tiempo.
- Se pueden observar muchos *animales* en el zoo.

Krankenwagen

29
S

Der *Krankenwagen* kam rechtzeitig.

Freund/-in

30
S

- Meine *Freunde* sind zur Party eingeladen.
- Sie sind sehr gute *Freunde*.

Liebe

31
S

Pedro hat die *Liebe* gefunden.

Tiere

32
S

- Die *Tiere* spüren den Wetterwechsel.
- Im Zoo kann man viele *Tiere* beobachten.

aniversario de boda 33
[aniber'sario de 'boða] S

Los Domínguez cumplen *aniversario de boda.*

año [anjo] 34

S

-Este *año* se casan Marta y Pedro.

-Nací en el *año* 1980.

antes ['antes] 35

S

-*Antes* todo era diferente.

-*Antes* vivía en Barcelona.

antibióticos [anti'biotikos] 36

S

Tome estos *antibióticos.*

Hochzeitstag

33

S

Die Dominguez' haben *Hochzeitstag*.

Jahr

34

S

- In diesem *Jahr* heiraten Marta und Pedro.
- Ich bin im *Jahr* 1980 geboren.

früher

35

S

- *Früher* war alles anders.
- *Früher* habe ich in Barcelona gewohnt.

Antibiotikum

36

S

Nehmen Sie dieses *Antibiotikum*.

anular [anu'lar] 37 S

- El vuelo ha sido *anulado*.
- Tienen que *anular* todos los vuelos debido a la niebla.

aparcamiento [a'parkamiento] 38 S

- El *aparcamiento* está lleno.
- Hay demasiado pocos *aparcamientos* en la ciudad.

aprendiz [apren'diθ] 39 S

- La empresa no admite más *aprendices*.
- El *aprendiz* nuevo hace siempre buenas preguntas.

aquí [a'ki] 40 S

Aquí se puede estacionar.

annullieren

37
S

- Der Flug wurde *annulliert*.
- Sie müssen alle Flüge wegen des Nebels *annullieren*.

Parkhaus

38
S

- Das *Parkhaus* ist besetzt.
- Es gibt zu wenig *Parkhäuser* in der Stadt.

Lehrling

39
S

- Die Firma stellt keine *Lehrlinge* mehr ein.
- Der neue *Lehrling* stellt immer gute Fragen.

hier

40
S

Hier darf man parken.

armario [ar'mario] 41

S

- La ropa está en el *armario*.
- El *armario* tiene un espejo.

---

arroz [a'rroθ] 42

S

¡Vamos a preparar un *arroz* con verduras!

---

atletismo [atle'tismo] 43

S

- El próximo año se celebrará aquí el campeonato de *atletismo*.
- El *atletismo* consta de varias disciplinas.

---

atracar [atra'kar] 44

S

Atracaron a mi abuela delante del banco cuando acababa de recoger dinero.

Schrank

41

S

- Die Kleidung ist im *Schrank*.
- Der *Schrank* hat einen Spiegel.

Reis

42

S

Wir werden *Reis* mit Gemüse zubereiten!

Leichtathletik

43

S

- Nächstes Jahr wird die *Leichtathletik*meisterschaft hier stattfinden.
- *Leichtathletik* besteht aus mehreren Disziplinen.

überfallen

44

S

Meine Oma wurde vor der Bank *überfallen*, als sie gerade ihr Geld holte.

aunque [aun'ke] 45

S

Aunque estoy enfermo iré al trabajo.

autobús [auto'bus] 46

S

- Tomarán el *autobús*.
- El *autobús* estaba llenísimo.

autopista [auto'pista] 47

S

- No circulaban coches por la *autopista*.
- En la *autopista* hay que pagar peaje.

avanzar [abanθar] 48

S

Avanzó dos pasos y allí se quédo.

obwohl

45

S

Obwohl ich krank bin, gehe ich zur Arbeit.

Bus

46

S

- Sie werden den *Bus* nehmen.
- Der *Bus* war sehr voll.

Autobahn

47

S

- Die *Autobahn* war frei.
- Auf der *Autobahn* muss man Maut bezahlen.

vorwärts gehen

48

S

Sie *ging* zwei Schritte *vorwärts* und blieb dann stehen.

avenida [abe'niꜛa] 49

S

Vivo en una *avenida* con mucho tráfico.

---

ayer [a'jer] 50

S

-*Ayer* por la mañana partimos a Málaga.
-*Ayer* fui a una exposición.

---

ayudar [ajuda] 51

S

¡*Ayuda* a tus amigos!

---

azul [a'θul] 52

S

El cielo está totalmente *azul*.

Allee

Ich wohne an einer *Allee* mit viel Verkehr.

49

S

gestern

- *Gestern* Morgen sind wir nach Malaga aufgebrochen.
- *Gestern* ging ich in eine Ausstellung.

50

S

helfen

Hilf deinen Freunden!

51

S

blau

Der Himmel ist strahlend *blau*.

52

S

bailar [bai'lar] 53 S

- Los viernes vamos a *bailar* salsa.
- ¿*Bailas* conmigo?

---

baloncesto [balon'θesto] 54 S

- ¿Jugáis al *baloncesto*?
- En España se juega más al *baloncesto* que en Alemania.

---

balonmano [balon'mano] 55 S

- Este mes se celebra el campeonato mundial de *balonmano*.
- Se lesionó en el partido de *balonmano*.

---

bañarse [ba'njarse] 56 S

No se *baña* todos los días.

tanzen

53 S

- Freitags *tanzen* wir Salsa.
- *Tanzt* du mit mir?

Basketball

54 S

- Spielt ihr *Basketball*?
- In Spanien wird mehr *Basketball* gespielt als in Deutschland.

Handball

55 S

- In diesem Monat findet die *Handball*weltmeisterschaft statt.
- Er verletzte sich während des *Handball*spiels.

baden

56 S

Er *badet* nicht jeden Tag.

banco ['banko]

57

S

- Voy al *banco*.
- Trabajan en un *banco*.

---

baño ['banjo]

58

S

- Por favor, ¡ toma un *baño*!
- El *baño* está ocupado.

---

bar [bar]

59

S

- El *bar* está en la esquina.
- El Sr. García juega a cartas en el *bar*.

---

barato [bara'to]

60

S

- Los artículos son *baratos*.
- ¿No tiene otro televisor más *barato*?

Bank

57

S

- Ich gehe zur *Bank*.
- Sie arbeiten bei einer *Bank*.

Bad

58

S

- Bitte, nimm ein *Bad*!
- Das *Bad* ist besetzt.

Bar, Kneipe

59

S

- Die *Bar* ist an der Ecke.
- Herr García spielt Karten in der *Kneipe*.

---

günstig

60

S

- Die Waren sind *günstig*.
- Haben Sie keinen *günstigeren* Fernseher?

barco ['barko] 61

S

- Viajamos en *barco*.
- El *barco* para Mallorca es muy moderno.

---

barriga [ba'rriga] 62

S

- Me duele la *barriga*.
- Si te duele la *barriga*, toma una infusión.

---

bautizo [bau'tiθo] 63

S

Estuvimos en el *bautizo* de Nuria.

---

bicicleta [biθileta] 64

S

- Damos un paseo en *bicicleta*.
- Ir en *bicicleta* es más ecológico.

Schiff

61

S

- Wir fahren mit dem *Schiff*.
- Das *Schiff* nach Mallorca ist sehr modern.

Bauch

62

S

- Ich habe *Bauch*schmerzen.
- Trink einen Kräutertee, wenn du *Bauch*weh hast.

Taufe

63

S

Wir waren bei der *Taufe* von Nuria.

Fahrrad

64

S

- Wir machen einen Ausflug mit dem *Fahrrad*.
- *Fahrrad*fahren ist umweltfreundlicher.

billetes [bilje'tes] 65

S

- ¿Has reservado los *billetes*?
- He comprado *billetes* de ida y vuelta.

---

blanco/-a [blan'ko/-a] 66

S

Llevo zapatos *blancos*.

---

boca [boka] 67

S

- ¡Abra la *boca*, por favor!
- Se come con la *boca* cerrada.

---

bocadillo [boka'deljo] 68

S

- ¿Qué *bocadillo* deseas?
- En España hay gran variedad de *bocadillos*.

Tickets

65

S

- Hast du die *Tickets* reserviert?
- Ich habe *Tickets* für Hin- und Rückfahrt gekauft.

weiß

66

S

Ich trage *weiße* Schuhe.

Mund

67

S

- Bitte, mach den *Mund* auf!
- Man macht beim Essen den *Mund* zu.

belegtes Brötchen

68

S

- Welches *belegte Brötchen* möchtest du?
- In Spanien gibt es eine große Vielfalt an *belegten Brötchen*.

boda [boða] 69 S

La *boda* de Juan y Patricia fue estupenda.

bolígrafo [bo'ligrafo] 70 S

- ¿Cuántos *bolígrafos* necesitas todavía?
- Le han regalado un *bolígrafo* muy bonito.

bolso [bol'so] 71 S

El *bolso* pesa mucho.

bonito/-a [bo'nito/-a] 72 S

Madrid es una ciudad *bonita*.

Hochzeit

69

S

Die *Hochzeit* von Juan und Patricia war fantastisch.

Kugelschreiber

70

S

- Wie viele *Kugelschreiber* brauchst du noch?
- Er hat einen sehr schönen *Kugelschreiber* geschenkt bekommen.

Tasche

71

S

Die *Tasche* ist schwer.

schön

72

S

Madrid ist eine *schöne* Stadt.

brazos ['braθo] 73 S

- Lleva los dos *brazos* enyesados.
- Me duelen los *brazos*.

---

brillar [bri'ljar] 74 S

El sol *brilla* con intensidad.

---

buenas noches ['buenas 'notʃes] 75 S

- Hola, *buenas noches*, José.
- *Buenas noches*, que duermas bien!

---

buenas tardes ['buenas 'tarðes] 76 S

- Hola, *buenas tardes.*
- ¡*Buenas tardes*, señoras y señores!

Arme

73
S

-Er trägt beide *Arme* in Gips.
-Mir tun die *Arme* weh.

---

strahlen, scheinen

74
S

Die Sonne *scheint* sehr stark.

---

guten Abend, gute Nacht

75
S

-Hallo, *guten Abend*, José.
-*Gute Nacht*, schlaf gut!

---

guten Tag, guten Abend

76
S

-Hallo, *guten Tag!*
-*Guten Abend*, meine Damen und Herren!

buenos días ['buenos 'dias] 77 S

Hola, *buenos días.*

---

cabeza [ka'beθa] 78 S

-Tengo dolor de *cabeza*.

-Me controlaron de pies a *cabeza*.

---

café [ka'fe] 79 S

-Han abierto un nuevo *café*.

-El *café* está enfrente de la ópera.

---

caja [kacha] 80 S

-Pase a la *caja*.

-La *caja* está al final del pasillo.

guten Morgen

77 S

Hallo, *guten Morgen*!

Kopf

78 S

- Ich habe *Kopf*schmerzen.
- Ich wurde von *Kopf* bis Fuß kontrolliert.

Café

79 S

- Sie haben ein neues *Café* eröffnet.
- Das *Café* befindet sich gegenüber der Oper.

Kasse

80 S

- Gehen Sie zur *Kasse*.
- Die *Kasse* ist am Ende des Ganges.

caliente [ka'liente] 81

S

- El café está muy *caliente*.
- La sopa debe comerse *caliente*.

---

calle [kalje] 82

S

Están reparando la *calle*.

---

calor [ka'lor] 83

S

- Hace mucho *calor* en el Sáhara.
- Cuando tengo *calor*, uso el abanico.

---

cama ['kama] 84

S

- La *cama* está dura.
- Tienes que hacerte la *cama*.

heiß

81 S

- Der Kaffee ist sehr *heiß*.
- Die Suppe soll *heiß* gegessen werden.

Straße

82 S

Die *Straße* wird repariert.

heiß

83 S

- Es ist sehr *heiß* in der Sahara.
- Wenn es mir zu *heiß* ist, benutze ich den Fächer.

Bett

84 S

- Das *Bett* ist hart.
- Du solltest dein *Bett* machen.

camarero/-a [kama'rero/-a] 85

S

-¡*Camarero*, la cuenta, por favor!

-El *camarero* viene enseguida.

cambiar [kam'biar] 86

S

Quiero *cambiar* euros en pesos.

caminar [kami'nar] 87

S

-Cada mañana *camino* dos kilómetros.

-*Caminar* por la playa es muy saludable.

camisa [ka'misa] 88

S

-Necesita *camisas* nuevas.

-Sólo lleva *camisas* de algodón.

Kellner/-in / Ober

85

S

- Herr *Ober*, die Rechnung bitte!
- Der *Kellner* kommt sofort.

---

wechseln

86

S

Ich möchte Euros in Pesos *wechseln*.

---

laufen, gehen

87

S

- Jeden Morgen *laufe* ich zwei Kilometer.
- Es ist sehr gesund, am Strand entlang zu *laufen*.

Hemd

88

S

- Er braucht neue *Hemden*.
- Er trägt nur *Hemden* aus Baumwolle.

campeonato [kampeo'nato] 89

S

- El *campeonato* de voleibol no tuvo mucha resonancia.
- Este país organiza por primera vez el *campeonato*.

caña [ka'nja] 90

S

José, ¿bebes otra *caña*?

capital [kapi'tal] 91

S

- La *capital* de Venezuela es Caracas.
- Ha visitado casi todas las *capitales* de Europa.

capitán [kapi'tan] 92

S

El *capitán* saludó a los pasajeros.

Meisterschaft
89
S

- Die Volleyball*meisterschaft* fand nur wenig Anklang.
- Dieses Land richtet zum ersten Mal die *Meisterschaft* aus.

---

ein kleines Bier
90
S

José, trinkst du noch *ein kleines Bier?*

Hauptstadt
91
S

- Die *Hauptstadt* von Venezuela ist Caracas.
- Sie hat fast alle europäischen *Hauptstädte* besucht.

Kapitän
92
S

Der *Kapitän* begrüßte die Passagiere.

carne [kar'ne] 93 S

- Comer mucha *carne* no es saludable.
- No es necesario comer *carne* cada día.

carnicería [karniθe'ria] 94 S

- Han cerrado esta *carnicería*.
- Si vas a la *carnicería*, tráeme medio kilo de salchichas, por favor.

caro ['karo] 95 S

- Es un reloj *caro*.
- Lo encuentro muy *caro*.

carrera [ka'rrera] 96 S

- Verónica participó en la *carrera* de 100 metros.
- De niña siempre ganaba las *carreras*.

Fleisch

93

S

- Es ist nicht gesund, viel *Fleisch* zu essen.
- Man muss nicht jeden Tag *Fleisch* essen.

Metzgerei

94

S

- Diese *Metzgerei* wurde geschlossen.
- Wenn du in die *Metzgerei* gehst, bring mir bitte ein halbes Kilo Würstchen mit.

teuer

95

S

- Es ist eine *teure* Uhr.
- Ich finde es sehr *teuer*.

Rennen, Wettlauf

96

S

- Verónica nahm am 100-Meter-*Lauf* teil.
- Als Kind habe ich alle *Rennen* gewonnen.

carretera [ka'rretera] 97 S

- La *carretera* está mal contruída.
- Por *carretera* se disfruta más del paisaje.

carta ['karta] 98 S

Le envié una *carta* a mi hermana.

casa ['kasa] 99 S

¿Está muy lejos de aquí la *casa*?

catedral [kate'dral] 100 S

- Terminaron de renovar la *catedral*.
- La *catedral* de Burgos es una obra maestra del Gótico español.

Landstraße

97

S

- Die *Landstraße* ist schlecht ausgebaut.
- Auf der *Landstraße* kann man die Landschaft besser genießen.

Brief

98

S

Ich schickte meiner Schwester einen *Brief*.

Wohnung

99

S

Die *Wohnung* ist sehr gemütlich.

Dom, Kathedrale

100

S

- Die Renovierungsarbeiten am *Dom* wurden beendet.
- Die *Kathedrale* von Burgos ist ein Meisterstück der spanischen Gotik.

católico [ka'toliko] 101

S

Nuestra familia es *católica*.

cava [ka'ba] 102

S

- No te olvides de comprar una botella de *cava*.
- El *cava* catalán es muy famoso.

cebollas [θe'boljas] 103

S

Las *cebollas* rojas son más ricas que las blancas.

cenar [θe'nar] 104

S

- Te invito a *cenar*.
- Hoy vamos a *cenar* a casa de mis padres.

katholisch

101

S

Unsere Familie ist *katholisch*.

Sekt

102

S

- Vergiss nicht, einen *Sekt* zu kaufen.
- Der katalanische *Sekt* ist sehr bekannt.

Zwiebeln

103

S

Rote *Zwiebeln* schmecken besser als weiße.

zu Abend essen

104

S

- Ich lade dich *zum Abendessen* ein.
- Heute gehen wir zu meinen Eltern *zum Abendessen*.

céntimos ['θentimo] 105 S

No *aceptamos* céntimos.

---

centro comercial [θentro komer'θial] 106 S

Es un *centro comercial* nuevo.

---

cerca (de) ['θerka] 107 S

¿Está *cerca* Correos?

---

cerveza [θer'beθa] 108 S

- La *cerveza* está helada.
- La *cerveza* de barril se ha acabado.

Cent

Wir akzeptieren keine *Cents*.

105

S

Einkaufszentrum

Das ist ein neues *Einkaufs-zentrum*.

106

S

nah

Ist die Post *nah*?

107

S

Bier

- Das *Bier* ist eiskalt.
- Das *Bier* vom Fass ist ausgegangen.

108

S

charcutería [tʃarkute'ria] 109 S

- Hemos comprado el chorizo en la *charcutería*.
- Vamos a la *charcutería*.

cielo ['θielo] 110 S

- El *cielo* está claro.
- Al atardecer el *cielo* enrojece.

cine ['θine] 111 S

- Los domingos vamos al *cine*.
- No le gusta el *cine* experimental.

circular [θirku'lar] 112 S

Si *circulas* por el centro necesitas más tiempo.

Metzgerei (Wurstwaren)

109

S

- Wir haben die Paprikawurst beim *Metzger* gekauft.
- Wir gehen in die *Metzgerei*.

Himmel

110

S

- Der *Himmel* ist klar.
- Am Abend färbt sich der *Himmel* rot.

Kino

111

S

- Sonntags gehen wir ins *Kino*.
- Experimentelles *Kino* mag er nicht.

fahren

112

S

Wenn du ins Zentrum *fährst*, brauchst du viel Zeit.

ciudad [θiu'ðað]

113 S

- La *ciudad* ha sido modernizada.
- Barcelona es una *ciudad* atractiva para los turistas.

cliente ['kliente]

114 S

- No tiene muchos *clientes*.
- El Sr. Martínez trata muy bien a sus *clientes*.

clima ['klima]

115 S

- El *clima* en Valencia es agradable.
- El *clima* mediterráneo es suave.

coche [kotʃe]

116 S

- El *coche* está en el taller.
- Nunca voy al centro en *coche*.

Stadt

113 S

- Die *Stadt* wurde modernisiert.
- Barcelona ist eine *Stadt*, die Touristen gut gefällt.

Kunde

114 S

- Sie haben nicht gerade viele *Kunden*.
- Herr Martínez bedient seine *Kunden* sehr gut.

Klima

115 S

- Das *Klima* in Valencia ist angenehm.
- Das Mittelmeer*klima* ist mild.

Auto

116 S

- Das *Auto* ist in der Werkstatt.
- Ich fahre nie mit dem *Auto* ins Stadtzentrum.

cocina [ko'θina]

117

S

- Tenemos una *cocina* nueva.
- Tiene una *cocina* muy bien equipada.

---

cocinero/-a [koθi'nero/-a]

118

S

- Pedro es un *cocinero* de primera.
- Los *cocineros* famosos ganan mucho dinero.

---

color [ko'lor]

119

S

¿De qué *color* es tu coche?

---

comedor [kome'dor]

120

S

- El *comedor* es muy acogedor.
- Tienen un *comedor* muy pequeño.

Küche

117

S

- Wir haben eine neue *Küche*.
- Sie hat eine sehr gut ausgestattete *Küche*.

Koch/Köchin

118

S

- Pedro ist ein erstklassiger *Koch*.
- Berühmte *Köche* verdienen sehr gut.

Farbe

119

S

Welche *Farbe* hat dein Auto?

Esszimmer

120

S

- Das *Esszimmer* ist sehr gemütlich.
- Sie haben ein sehr kleines *Esszimmer*.

comer [ko'mer] 121 S

- ¡Pasen a *comer*!
- Me gusta *comer* con amigos.

comida [ko'mida] 122 S

La *comida* esta fría.

como ['komo] 123 S

- ¿*Cómo* vas a la oficina?
- ¿*Cómo* acabó la película?

cómodo/-a [ko'moðo/-a] 124 S

- ¿Son *cómodos* los asientos del avión?
- Tu coche es muy *cómodo*.

essen 121 S

- Kommen Sie zum *Essen*!
- Ich *esse* gern mit Freunden.

Essen 122 S

Das *Essen* ist kalt.

wie 123 S

- *Wie* kommst du ins Büro?
- *Wie* ging der Film aus?

bequem 124 S

- Sind die Sitze im Flugzeug *bequem*?
- Dein Auto ist sehr *bequem*.

competencia [kompe'tenθia] 125

S

- La *competencia* entre los empleados de esta empresa es muy grande.
- La *competencia* es un buen estímulo.

comprar ['komprar] 126

S

- Ya no *compro* nada más.
- No me gusta *comprar* los sábados.

con frecuencia [kon fre'kuenθia] 127

S

Jugamos al tenis *con frecuencia*.

con gas [kon gas] 128

S

¿Tomas agua *con gas*?

Konkurrenz

125

S

- Die *Konkurrenz* unter den Mitarbeitern dieser Firma ist sehr groß.
- *Konkurrenz* ist ein guter Ansporn.

kaufen

126

S

- Ich *kaufe* samstags nicht gern ein.
- Ich *kaufe* gar nichts mehr.

häufig, oft

127

S

Wir spielen *oft* Tennis.

mit Kohlensäure

128

S

Trinkst du Wasser *mit Kohlensäure?*

concierto [kon'θierto] 129 S

- ¿Os gustó el *concierto*?
- Tienen que ensayar mucho para este *concierto*.

confirmar [komfir'mar] 130 S

El viaje está *confirmado*.

conservar [konser'bar] 131 S

- Se debe *conservar* el medio ambiente.
- Para *conservar* todas las especies de animales hay que proteger el medio ambiente.

contagiar [konta'chiar] 132 S

Se ha *contagiado*.

Konzert

129

S

- Hat euch das *Konzert* gefallen?
- Sie müssen für dieses *Konzert* sehr viel üben.

bestätigen

130

S

Die Reise wurde *bestätigt*.

erhalten

131

S

- Man sollte die Umwelt *erhalten*.
- Um alle Tierarten zu *erhalten*, muss man die Umwelt schützen.

anstecken

132

S

Er hat sich *angesteckt*.

contaminar [kontami'nar] 133 S

- El barco perdió petróleo y *contaminó* las aguas.
- Las aguas residuales continúan *contaminando* los ríos.

contrato [kon'trato] 134 S

- No le han renovado el *contrato*.
- Quiere hablar con la empresa antes de firmar el *contrato*.

control [kon'trol] 135 S

El *control* en la frontera es muy estricto.

correo [ko'rreo] 136 S

- ¿Está abierto el *correo*?
- Esta semana el *correo* llega un poco más tarde.

verschmutzen

133

S

- Das Schiff verlor Öl und *verschmutzte* das Meer.
- Abwässer *verschmutzen* weiterhin die Flüsse.

Vertrag

134

S

- Sein *Vertrag* wurde nicht verlängert.
- Er möchte mit der Firma noch etwas besprechen, bevor er den *Vertrag* unterschreibt.

Kontrolle

135

S

Die Grenz*kontrolle* ist sehr genau.

Post, Briefe

136

S

- Sind die *Briefe* geöffnet?
- Diese Woche kommt die *Post* etwas später.

correo electrónico 137
[ko'rreo elek'troniko]

S

María envía a Paul un *correo electrónico*.

correr [ko'rrer] 138

S

- Juan *corre* todas las mañanas.
- Prefiero *correr* en el bosque. Es más sano.

costa ['kosta] 139

S

Mucha gente vive en la *costa*.

costar [kos'tar] 140

S

Cuesta mucho.

E-Mail

137

S

Maria schickt Paul eine *E-Mail*.

rennen

138

S

- Juan *rennt* jeden Morgen.
- Ich *laufe* lieber im Wald. Es ist gesünder.

Küste

139

S

An der *Küste* wohnen viele Leute.

kosten

140

S

Es *kostet* viel.

crédito ['kreðito] 141 S

No damos ningún *crédito*.

creer [kre'er] 142 S

- Mónica *cree* mucho en Dios.
- Las religiones monoteístas *creen* en un solo Dios.

cuadro ['kuaðro] 143 S

- En la galería hay *cuadros* preciosos de Picasso.
- Pinta *cuadros* abstractos.

cuando ['kuando] 144 S

- ¿*Cuándo* nos visitas?
- ¿*Cuándo* harás los deberes?

Kredit

141
S

Wir geben keinen *Kredit*.

glauben

142
S

- Mónica *glaubt* sehr an Gott.
- Die monotheistischen Religionen *glauben* an einen einzigen Gott.

Bild, Gemälde

143
S

- In der Galerie gibt es wunderschöne *Bilder* von Picasso.
- Sie malt abstrakte *Bilder*.

wann

144
S

- *Wann* besuchst du uns?
- *Wann* wirst du die Hausaufgaben machen?

¿cuánto cuesta? ['kuanto kues'ta] 145

S

- ¿*Cuánto cuesta* la blusa?
- ¿*Cuánto cuesta* el diccionario?

---

cuántos ['kuantos] 146

S

¿*Cuántos* chicos reciben una formación aquí?

---

cuenta ['kuenta] 147

S

- Yo pago la *cuenta*.
- En la *cuenta* pone el número de teléfono del restaurante.

---

cuerpo [kuerpo] 148

S

- Le duele todo el *cuerpo*.
- El *cuerpo* humano es muy interesante.

Wie viel kostet?

145

S

- *Wie viel kostet* die Bluse?
- *Wie viel kostet* das Wörterbuch?

Wie viele

146

S

Wie viele Jungen werden hier ausgebildet?

Rechnung

147

S

- Die *Rechnung* bezahle ich.
- Auf der *Rechnung* steht die Telefonnummer des Restaurants.

Körper

148

S

- Ihm tut sein ganzer *Körper* weh.
- Der menschliche *Körper* ist hochinteressant.

cumpleaños [kumple'anjos] 149

S

¿Cuándo es tu *cumpleaños*?

dar [dar] 150

S

¿Me *das* el periódico, por favor?

¿de dónde? ['de 'donde] 151

S

- ¿*De dónde* eres?
- ¿*De dónde* son los nuevos vecinos?

de nada [de naða] 152

S

Gracias por el regalo. *De nada*.

Geburtstag

149

S

Wann hast du *Geburtstag*?

geben

150

S

Gibst du mir bitte die Zeitung?

woher

151

S

- *Woher* kommst du?
- *Woher* sind die neuen Nachbarn?

keine Ursache

152

S

Vielen Dank für das Geschenk.
Keine Ursache.

deber [de'ber] 153

S

Debemos estar temprano en Madrid.

decir [de'θir] 154

S

Dice que viene mañana.

decretar [dekre'tar] 155

S

El Gobierno *decreta* nuevas leyes.

degustar [degus'tar] 156

S

Tienes que *degustar* este vino de Chile.

sollen

153 S

Wir *sollten* früh in Madrid sein.

sagen

154 S

Sie/er *sagt*, sie/er komme morgen.

beschließen

155 S

Die Regierung *beschließt* neue Gesetze.

kosten, probieren

156 S

Du solltest diesen Wein aus Chile *probieren*.

delante de ['ðelante de] 157

S

La estación está *delante* del Ayuntamiento.

deporte [de'porte] 158

S

- A José María, no le gusta el *deporte*.
- Alejandro se compra el periódico de *deporte*.

desayunar [desa'junar] 159

S

- *Desayunamos* muy temprano.
- *Desayunan* juntos.

desde ['desðe] 160

S

- Estoy en Chile *desde* enero.
- Conozco a Laura *desde* el año pasado.

vor 157 S

Der Bahnhof ist *vor* dem Rathaus.

Sport 158 S

- José María mag keinen *Sport*.
- Alejandro kauft sich die *Sport*zeitung.

---

frühstücken 159 S

- Wir *frühstücken* sehr früh.
- Sie *frühstücken* zusammen.

---

seit [Zeitpunkt] 160 S

- *Seit* Januar bin ich in Chile.
- Ich kenne Laura *seit* letztem Jahr.

desear [dese'ar] 161 S

El señor *desea* tomar una cerveza.

despedir [despe'ðir] 162 S

- Esperan no *despedir* a ningún trabajador.
- Manuel está depresivo desde que lo han *despedido*.

destino [des'tino] 163 S

- El avión con *destino* a Madrid tuvo que hacer un aterrizaje de emergencia en Londres.
- El tren con *destino* a Bilbao sale del andén 5.

destruir [destru'ir] 164 S

- El espacio vital de muchos animales está *destruido*.
- El ozono *destruye* la atmósfera.

wünschen, mögen

161 S

Der Herr *möchte* ein Bier trinken.

entlassen

162 S

- Sie hoffen, dass sie keine Arbeiter *entlassen* müssen.
- Manuel ist depressiv, seitdem er *entlassen* wurde.

Ziel

163 S

- Das Flugzeug mit dem *Ziel* Madrid musste in London notlanden.
- Der Zug mit dem *Ziel* Bilbao fährt vom Bahnsteig 5 ab.

zerstören

164 S

- Der Lebensraum einiger Tiere ist *zerstört*.
- Das Ozon *zerstört* die Atmosphäre.

detener [dete'ner] 165 S

La policía *detiene* al criminal.

detrás (de) [de'tras] 166 S

El coche está *detrás de* la casa.

diarrea [dia'rrea] 167 S

¿Qué puedo tomar para la *diarrea*?

dientes [dien'tes] 168 S

- Le han sacado dos *dientes*.
- Se lava siempre los *dientes* después de comer.

festnehmen

165

S

Die Polizei *nimmt* den Verbrecher *fest*.

---

hinter

166

S

Das Auto steht *hinter* dem Haus

Durchfall

167

S

Was kann ich gegen den *Durchfall* nehmen?

Zähne

168

S

- Ihm wurden zwei *Zähne* gezogen.
- Sie putzt immer nach dem Essen ihre *Zähne*.

dinero [ðinero] 169 S

-Mercedes tiene mucho *dinero*.

-Susana gasta mucho *dinero*.

Dios ['dios] 170 S

-*Dios* es todopoderoso.

-¡Gracias a *Dios*!

director/-a [direk'tor/-a] 171 S

La escuela cuenta con un nuevo *director.*

discutir [disku'tir] 172 S

El nuevo alcalde *discute* mucho.

Geld 169

S

- Mercedes hat viel *Geld*.
- Susana gibt sehr viel *Geld* aus.

Gott 170

S

- *Gott* ist allmächtig.
- *Gott* sei Dank!

Direktor/-in 171

S

Die Schule bekam einen neuen *Direktor*.

diskutieren 172

S

Der neuer Bürgermeister *diskutiert* viel.

doler [ðo'ler] 173

S

- ¿Te *duele* la cabeza?
- Desde ayer me *duele* la garganta.

---

dolor de garganta [ðolor de gar'ganta] 174

S

No aguanto este *dolor de garganta*.

---

dormir [dor'mir] 175

S

- No he podido *dormir*.
- No quiere *dormir* en el sofá.

---

dormitorio [dormi'torio] 176

S

- Nuestro *dormitorio* es frío en invierno.
- El *dormitorio* tiene dos ventanas.

Schmerzen haben

173

S

- *Hast* du Kopf*schmerzen*?
- Seit gestern *tut* mir der Hals *weh.*

Halsschmerzen

174

S

Ich halte diese *Halsschmerzen* nicht länger aus.

schlafen

175

S

- Ich konnte nicht *schlafen*.
- Er möchte nicht auf dem Sofa *schlafen*.

Schlafzimmer

176

S

- In unserem *Schlafzimmer* ist es im Winter kalt.
- Das *Schlafzimmer* hat zwei Fenster.

ducha [dutʃa] 177 S

Tomo una *ducha* de agua fría.

ducharse [dutʃarse] 178 S

- Los niños se *duchan* en la escuela.
- Después de levantarme me *ducho*.

ecología [ekolo'chia] 179 S

- Mario estudia *ecología*.
- La *ecología* es un tema clave de la política internacional.

editorial [eðito'rial] 180 S

- La *editorial* presentará un nuevo libro.
- Los libros de esta *editorial* son muy interesantes.

Dusche

177 S

Ich nehme eine kalte *Dusche*.

duschen

178 S

- Die Kinder *duschen* in der Schule.
- Nachdem ich aufgestanden bin, *dusche* ich.

Ökologie

179 S

- Mario studiert *Ökologie*.
- Der *Umweltschutz* ist ein Schlüsselthema der internationalen Politik.

Verlag

180 S

- Der *Verlag* wird ein neues Buch vorstellen.
- Die Bücher aus diesem *Verlag* sind sehr interessant.

efectivo [efek'tibo] 181 S

-¿Paga en *efectivo*?
-Prefiero pagar en *efectivo*.

él, ella, usted [el, elja, us'teð] 182 S

Ella es enfermera.

elecciones [eleg'θiones] 183 S

-En Abril tendran lugare las próximas *elecciones* presidenciales.
-Ha habido incidentes durante las *elecciones*.

ellos, ellas, Ustedes [eljos, eljas, us'teðes] 184 S

Ustedes son de Venezuela.

bar

181 S

- Bezahlen Sie *bar*?
- Ich zahle lieber *bar*.

er, sie, Sie

182 S

Sie ist Krankenschwester.

Wahlen

183 S

- Im April sind die nächsten Präsidentschafts*wahlen*.
- Während der *Wahlen* ist es zu Zwischenfällen gekommen.

sie (Pl. männl./weibl.), Sie (Pl.)

184 S

Sie kommen aus Venezuela.

embarcar [embar'kar] 185

S

Pedimos a los pasajeros que procedan al *embarque*.

---

empleado/-a [emple'aðo/-a] 186

S

- La empresa tiene 1000 *empleados*.
- Los *empleados* de esta agencia están muy motivados.

---

empresa [em'presa] 187

S

- A él, le pertenecen diversas *empresas*.
- Esta *empresa* pertenece a un grupo internacional.

---

en ['en] 188

S

Vamos *en* coche.

an Bord gehen

185
S

Die Passagiere werden gebeten, jetzt *an Bord* zu *gehen*.

Angestellte/-r

186
S

- Das Unternehmen hat 1000 *Angestellte*.
- Die *Mitarbeiter* dieses Büros sind sehr motiviert.

Unternehmen

187
S

- Ihm gehören zahlreiche *Unternehmen*.
- Diese *Firma* gehört einem internationalen Konzern.

mit

188
S

Wir fahren *mit* dem Auto.

en clase ['klase] 189 S

-*En clase* la profesora hace preguntas difíciles.

-*En clase* no podemos usar la calculadora.

en punto [en pun'to] 190 S

-Son las siete *en punto*.

-Quedamos a las dos *en punto*.

encontrarse [enkon'trarse] 191 S

Me gusta *encontrarme* con amigos los fines de semana.

enfermarse [enfer'marse] 192 S

Se *enfermó* esta semana.

im Unterricht

189

S

- *Im Unterricht* stellt die Lehrerin schwierige Fragen.
- *Im Unterricht* dürfen wir keinen Taschenrechner benutzen.

Punkt

190

S

- Es ist *Punkt* sieben.
- Wir treffen uns um *Punkt* zwei Uhr.

sich treffen

191

S

Ich *treffe mich* gern mit meinen Freunden am Wochenende.

krank werden

192

S

Diese Woche *ist* er *krank geworden*.

enseñar [ense'njar] 193 S

- María *enseña* historia.
- La profesora de música *enseña* una nueva canción a los niños.

---

entre [entre] 194 S

El teatro está *entre* Correos y la biblioteca.

---

entrenar [entre'nar] 195 S

- ¿Tienes que *entrenar* todos los días?
- Marcos *entrena* antes del trabajo.

---

entrevista (personal) [entre'bista] 196 S

- Me han citado a una *entrevista.*
- Yolanda está nerviosa antes de la *entrevista*.

unterrichten

193

S

- Maria *unterrichtet* Geschichte.
- Die Musiklehrerin *bringt* den Kindern ein neues Lied *bei*.

zwischen

194

S

Das Theater liegt *zwischen* Post und Bücherei.

trainieren

195

S

- Musst du jeden Tag *trainieren*?
- Marcos *trainiert*, bevor er zur Arbeit geht.

Vorstellungsgespräch

196

S

- Ich bin zu einem *Vorstellungsgespräch* eingeladen.
- Yolanda ist vor dem *Vorstellungsgespräch* aufgeregt.

equipaje [ekipache] 197

S

- Marta trae mucho *equipaje*.
- Su *equipaje* pesa demasiado.

equipo [e'kipo] 198

S

Paco se entiende bien con el resto del *equipo*.

escribir [eskri'bir] 199

S

- Mañana voy a *escribir* las invitaciones.
- La autora *escribe* sus memorias.

escuela [es'kuela] 200

S

- Carlos terminará pronto la *escuela*.
- Mi hija va a pie a la *escuela*.

Gepäck

197 S

- Marta schleppt viel *Gepäck* heran.
- Sein *Gepäck* ist zu schwer.

Mannschaft

198 S

Paco versteht sich gut mit seiner *Mannschaft*.

---

schreiben

199 S

- Morgen *schreibe* ich die Einladungen.
- Die Autorin *schreibt* ihre Memoiren.

Schule

200 S

- Carlos ist bald fertig mit der *Schule*.
- Meine Tochter geht zu Fuß in die *Schule*.

especias [es'peθias] 201

S

Me encantan las *especias* exóticas.

esquiar ['eskiar] 202

S

- En invierno vamos a menudo a *esquiar*.
- Tiene cinco años y sabe *esquiar* muy bien.

estación [esta'θion] 203

S

- La *estación* de autobuses estaba repleta de gente.
- En la *estación* hay mucha policía.

estación del año [estaθion del anjo] 204

S

- ¿En qué *estación del año* estamos?
- ¿Cuál es tu *estación del año* preferida?

Gewürze

201 S

Ich liebe exotische *Gewürze*.

Ski fahren

202 S

- Im Winter gehen wir oft *Ski fahren*.
- Er ist fünf Jahre alt und kann sehr gut *Ski fahren*.

Bahnhof

203 S

- Auf dem Bus*bahnhof* wimmelte es von Menschen.
- Es gibt viele Polizeibeamte auf dem *Bahnhof*.

Jahreszeit

204 S

- Welche *Jahreszeit* haben wir jetzt?
- Welche *Jahreszeit* magst du am liebsten?

estadio [es'tadio] 205

S

- Mucha gente espera en las afueras del *estadio*.
- Han construido un nuevo *estadio*.

Estado [es'taðo] 206

S

El *Estado* recauda impuestos.

---

estar [es'tar] 207

S

- ¿Dónde *está* Correos?
- ¿Dónde *está* Toledo?

---

estar en paro 208
[es'tar en 'paro]

S

Manolo *está en paro* desde hace varios años.

Stadion

205

S

- Viele Leute warten außerhalb des *Stadions*.
- Ein neues *Stadion* wurde gebaut.

Staat

206

S

Der *Staat* erhebt Steuern.

sich befinden

207

S

- Wo *ist* die Post?
- Wo *liegt* Toledo?

arbeitslos sein

208

S

Manolo *ist* seit einigen Jahren *arbeitslos*.

estrellas [es'treljas] 209 S

- *En el cielo brillaban las* estrellas.
- Después de caerse vio las *estrellas*.

estudiar [estu'ðiar] 210 S

- *Estudió* lingüística en el extranjero.
- Tengo que *estudiar* para el examen pero no tengo ganas.

euro [euro] 211 S

Cuesta 10 *euros*.

examen [eg'samen] 212 S

- Ha sido un *examen* muy difícil.
- En el *examen* las mesas están separadas.

Sterne

209 S

- Am Himmel leuchteten die *Sterne*.
- Nach dem Sturz sah er *Sternchen*.

lernen, studieren

210 S

- Er *studierte* Linguistik im Ausland.
- Ich muss für die Prüfung *lernen*, aber ich habe keine Lust.

Euro

211 S

Es kostet 10 *Euro*.

Prüfung

212 S

- Die *Prüfung* war sehr schwer.
- Bei der *Prüfung* stehen die Tische voneinander getrennt.

exposición [esposi'θion] 213

S

- La *exposición* de la galería durará hasta finales de mes.
- Esta *exposición* atrae a mucha gente.

---

facturación [fak'turaθion] 214

S

Juan trabaja en el servicio de *facturación.*

---

falda ['falda] 215

S

- La *falda* es un poco estrecha.
- Pocas veces llevo *falda*.

---

familia [fa'milia] 216

S

- Mi *familia* es de Valladolid.
- Su *familia* es muy divertida.

Ausstellung

213

S

- Die *Ausstellung* in der Galerie ist bis Ende des Monats geöffnet.
- Diese *Ausstellung* zieht viele Leute an.

Gepäckaufgabe

214

S

Juan arbeitet bei der *Gepäckaufgabe*.

Rock

215

S

- Der *Rock* ist etwas eng.
- Ich trage selten einen *Rock*.

Familie

216

S

- Meine *Familie* ist aus Valladolid.
- Seine *Familie* ist sehr lustig.

farmacia [far'maθia] 217

S

La *farmacia* está en la esquina.

---

fiebre [fie'bre] 218

S

- Tiene *fiebre* muy alta.
- Con el termómetro se mide la *fiebre*.

---

flores ['flores] 219

S

- El jardinero vende *flores*.
- En el mercado venden *flores*

---

formación profesional 220
[for'maθion profesio'nal]

S

- La *formación profesional* de un empleado de comercio dura tres años.
- Para ser mecánico de coches hay que hacer *formación profesional*.

Apotheke

217

S

Die *Apotheke* ist um die Ecke.

Fieber

218

S

- Er hat hohes *Fieber*.
- Das *Fieber* misst man mit dem Thermometer.

Blumen

219

S

- Der Gärtner verkauft *Blumen*.
- Auf dem Markt werden *Blumen* verkauft.

Berufsausbildung

220

S

- Die *Berufsausbildung* eines Kaufmanns dauert drei Jahre.
- Um Automechaniker zu werden, muss man eine *Berufsausbildung* machen.

formación superior 221
[for'maθion supe'rior]

S

La *formación superior* en este país es muy extensa.

---

fotografiar [fotogra'fiar] 222

S

- Pedro *fotografía* en su tiempo libre.
- Ella *fotografía* con la cámara digital.

---

freír [fre'ir] 223

S

Tienes que *freír* la carne con cuidado.

---

frío/-a [fri'o/-a] 224

S

- La sopa está *fría*.
- El vino está demasiado *frío*.

Hochschulausbildung

221

S

Die *Hochschulausbildung* in diesem Land ist sehr umfangreich.

fotografieren

222

S

- Pedro *fotografiert* in seiner Freizeit.
- Sie *fotografiert* mit der Digitalkamera.

braten

223

S

Du musst das Fleisch vorsichtig *braten*.

kalt

224

S

- Die Suppe ist *kalt*.
- Der Wein ist zu *kalt*.

frontera [fron'tera] 225 S

La *frontera* entre USA y México se encuentra en el Paso.

---

frutería [frute'ria] 226 S

- Esta *frutería* está muy bien surtida.
- La fruta de la *frutería* es mejor que la del supermercado.

---

fútbol ['futbol] 227 S

- ¡Qué partido de *fútbol*!
- En el recreo los chicos juegan al *fútbol*.

---

gafas ['gafas] 228 S

Hace una semana que llevo *gafas*.

Grenze

225

S

Die Staats*grenze* zwischen den USA und Mexiko verläuft in der Nähe von el Paso.

Obstladen

226

S

- Dieser *Obstladen* ist sehr gut sortiert.
- Das Obst aus dem *Obstladen* ist besser als das aus dem Supermarkt.

Fußball

227

S

- Was für ein *Fußball*spiel!
- In der Pause spielen die Kinder *Fußball*.

Brille

228

S

Seit eine Woche trage ich eine *Brille*.

ganar [ga'nar] 229 S

-La selección nacional *ganó* el torneo de tenis.

-Lo más importante no es *ganar* sino participar.

---

gasolinera [gasoli'nera] 230 S

¿Hay una *gasolinera* cerca de aquí?

---

gobernar [gober'nar] 231 S

-¿Quién *gobierna* el país?

-El partido que *gobierna* está dividido.

---

gol [gol] 232 S

José ha marcado un *gol*.

gewinnen

229

S

- Die Nationalmannschaft *gewann* das Tennisturnier.
- Das Wichtigste ist es nicht, zu *gewinnen* sondern mitzumachen.

Tankstelle

230

S

Gibt es eine *Tankstelle* in der Nähe?

regieren

231

S

- Wer *regiert* das Land?
- Die Partei, die *regiert*, ist gespalten.

Tor

232

S

José hat ein *Tor* geschossen.

gracias ['graθias] 233 S

- Muchas *gracias*, María.
- ¡*Gracias* por la visita!

gramo [gramo] 234 S

- Son muy pocos *gramos*.
- Déme cien *gramos* de queso, por favor.

grande ['grande] 235 S

España es un país *grande*.

Han comprado un terreno muy *grande*.

gripe ['gripe] 236 S

- Es una *gripe* muy fuerte.
- Está en cama con *gripe*.

danke

233 S

-Vielen *Dank*, Maria.

-*Danke* für deinen Besuch!

Gramm

234 S

-Es sind nur wenige *Gramm*.

-Geben Sie mir hundert *Gramm* Käse, bitte.

groß

235 S

Spanien ist ein *großes* Land.

Sie haben ein sehr *großes* Grundstück gekauft.

Grippe

236 S

-Es ist eine schwere *Grippe*.

-Sie liegt mit *Grippe* im Bett.

gustar [gus'tar] 237 S

- A Manolo le *gusta* la paella.
- A Carmen le *gusta* bailar tango.

hablar [a'blar] 238 S

- Pilar *habla* tres idiomas.
- *Hablo* sólo un poco de español.

hacer [a'θer] 239 S

- ¿Qué *hace* usted?
- Pedro, ¿qué estás *haciendo*?

hacer gimnasia [a'θer chim'nasia] 240 S

- Mi hija *hace gimnasia* en un club.
- En verano *hacemos gimnasia* fuera.

schmecken

237
S

- Manolo *schmeckt* die Paella.
- Carmen *gefällt* es, Tango zu tanzen.

---

sprechen

238
S

- Pilar *spricht* drei Sprachen.
- Ich *spreche* nur ein bisschen Spanisch.

---

machen

239
S

- Was *sind* Sie *von Beruf*?
- Pedro, was *machst* du gerade?

---

turnen

240
S

- Meine Tochter *turnt* im Verein.
- Im Sommer *turnen* wir draußen.

hacerse daño [aθerse ðanjo] 241

S

-Ernesto *se ha hecho daño*.

-Pilar *se ha hecho daño* en la rodilla.

hasta mañana 242

['asta ma'njana]

S

-*Hasta mañana*, señor Ramírez.

-*¡Hasta mañana* y que te mejores!

hay [ai] 243

S

-¿Qué *hay* en el bolso?

-*Hay* mucha gente aquí.

helado [e'laðo] 244

S

Manolo vende *helados* todos los domingos delante del estadio de fútbol.

sich verletzen

241
S

Ernesto *hat sich verletzt*.

Pilar *hat sich* am Knie *wehgetan*.

bis morgen

242
S

-*Bis morgen*, Herr Ramírez.

-*Bis morgen* und gute Besserung!

es gibt

243
S

-Was *ist* in der Tasche?

-*Es gibt* viele Leute hier.

Eis

244
S

Manolo verkauft jeden Sonntag *Eis* vor dem Fußballstadion.

hermano/-a [er'mano/-a] 245

S

- El *hermano* de José estudia Medicina.
- Mi *hermana* está casada.

---

hijo/-a [icho/-a] 246

S

- Su *hijo* tiene 7 años.
- Carmencita no tiene *hijas*.

---

hola [o'la] 247

S

- ¡*Hola*, buenos días!
- ¡*Hola*, entra, por favor!

---

hora ['ora] 248

S

- ¿Qué *hora* es?
- Las *horas* pasan volando.

Bruder/Schwester

245 S

- Josés *Bruder* studiert Medizin.
- Meine *Schwester* ist verheiratet.

Sohn/Tochter

246 S

- Sein *Sohn* ist 7 Jahre alt.
- Carmencita hat keine *Töchter*.

hallo

247 S

- *Hallo*, guten Morgen!
- *Hallo*, komm bitte herein!

Uhr

248 S

- Wie viel *Uhr* ist es?
- Die *Stunden* vergehen wie im Fluge.

hospital [ospi'tal] 249 S

Carmen estuvo dos días en el *hospital*.

hotel ['otel] 250 S

-¿Hay un *hotel* cerca de aquí?

-Este *hotel* es muy económico.

hoy ['oi] 251 S

-*Hoy* no he desayunado.

-*Hoy* hace un día muy bonito.

iglesia [i'gleθia] 252 S

-Los domingos vamos a la *iglesia*.

-En el Camino de Santiago hay muchas *iglesias* románicas.

Krankenhaus

249

S

Carmen verbrachte zwei Tage im *Krankenhaus*.

Hotel

250

S

- Gibt es ein *Hotel* in der Nähe?
- Dieses *Hotel* ist sehr preiswert.

heute

251

S

- *Heute* habe ich nicht gefrühstückt.
- *Heute* ist ein schöner Tag.

Kirche

252

S

- Sonntags gehen wir in die *Kirche*.
- Auf dem Jakobsweg gibt es viele romanische *Kirchen*.

importante [impor'tante] 253

S

Don Ramón es una persona muy *importante*.

imprimir [impri'mir] 254

S

Se han *imprimido* más de mil libros.

información [informa'θion] 255

S

Por favor, póngame con *Información*.

instituto [insti'tuto] 256

S

- Elena va al *instituto*.
- Este *instituto* tiene un intercambio de alumnos con Inglaterra.

wichtig

253
S

Herr Ramón ist eine *wichtige* Person.

drucken

254
S

Es wurden mehr als tausend Bücher *gedruckt*.

Auskunft

255
S

Verbinden Sie mich bitte mit der *Auskunft*.

Gymnasium

256
S

- Elena geht aufs *Gymnasium*.
- Dieses *Gymnasium* hat einen Schüleraustausch mit England.

invitación [imbita'θion] 257

S

- Tengo una *invitación* para ir a almorzar.
- He recibido una *invitación* para la inauguración de una exposición.

---

ir [ir] 258

S

- ¿*Vamos* a la playa mañana?
- Los martes *voy* siempre al mercado.

---

ir de compras 259
[ir de kom'pras]

S

Carmen *va* de compras.

---

jamón serrano 260
[chamon serra'no]

S

- Me encanta el *jamón serrano*.
- El *jamón serrano* ahora también se encuentra en Alemania.

Einladung

257

S

- Ich habe eine *Einladung* zum Mittagessen.
- Ich habe eine *Einladung* für eine Vernissage bekommen.

---

gehen

258

S

- *Gehen* wir morgen an den Strand?
- Dienstags *gehe* ich immer auf den Markt.

---

einkaufen gehen

259

S

Carmen *geht* einkaufen.

Serranoschinken

260

S

- Ich esse sehr gern *Serranoschinken*.
- *Serranoschinken* wird jetzt auch in Deutschland angeboten.

jersey [cher'sei̯] 261

S

- Vende *jerseys* de Bolivia.
- Le gustan los *jerseys* grandes.

---

jubilado [chubi'laðo] 262

S

- Don Paco ya está *jubilado*.
- Los *jubilados* de hoy en día son muy activos.

---

jugar a [chu'gar] 263

S

- ¿*Jugamos* al baloncesto?
- *Juega* al dominó todos los sábados.

---

kilo ['kilo] 264

S

- Déme un *kilo* de tomates.
- Póngame dos *kilos* de patatas, por favor.

Pullover

261 S

- Er verkauft *Pullover* aus Bolivien.
- Er mag große *Pullover*.

pensioniert

262 S

- Herr Paco ist schon *pensioniert*.
- Die *Rentner* sind heutzutage sehr aktiv.

spielen

263 S

- *Spielen* wir Basketball?
- Jeden Samstag *spielt* er Domino.

Kilo

264 S

- Geben Sie mir ein *Kilo* Tomaten!
- Geben Sie mir bitte zwei *Kilo* Kartoffeln.

la carta ['karta] 265 S

-¿Nos trae *la carta*, por favor?
-Tenemos una nueva *carta*.

lago ['lago] 266 S

Nadamos en el *lago*.

lámpara ['lampara] 267 S

-Son *lámparas* de Alicante.
-Está arreglando la *lámpara*.

lápiz ['lapiθ] 268 S

-No encuentro mi *lápiz*.
-Con un *lápiz* tan corto no se puede escribir.

Speisekarte

265
S

- Bringen Sie uns bitte die *Speisekarte*?
- Wir haben eine neue *Speisekarte*.

See

266
S

Wir schwimmen im *See.*

Lampe

267
S

- Es sind *Lampen* aus Alicante.
- Er repariert gerade die *Lampe*.

Bleistift

268
S

- Ich finde meinen *Bleistift* nicht.
- Mit so einem kurzen *Bleistift* kann man nicht schreiben.

lastimarse [lasti'marse] 269 S

¿Cómo *te has lastimado*?

lavarse [la'barse] 270 S

¿Por qué no te *has lavado*?

leer [le'er] 271 S

A Paquito le gusta *leer* cómics.

levantarse [leban'tarse] 272 S

-Se *levanta* muy tarde.

-Me *levanto* a las seis.

sich weh tun 269

S

Wie hast du *dir weh getan*?

sich waschen 270

S

Warum *hast* du *dich* nicht *gewaschen*?

lesen 271

S

Paquito *liest* gerne Comics.

aufstehen 272

S

- Er *steht* sehr spät *auf*.
- Ich *stehe* um sechs Uhr *auf*.

ley [lej] 273

S

- El Parlamento aprobó una *ley*.
- La *ley* antitabaco fue muy discutida.

libre ['libre] 274

S

¿Está *libre* el asiento?

libros ['libros] 275

S

- La biblioteca ha recibido muchos *libros*.
- Sus *libros* son mu originales.

litro [li'tro] 276

S

- He comprado 30 *litros* de cerveza.
- Tomo dos *litros* de agua diarios.

Gesetz

273

S

- Das Parlament verabschiedete ein *Gesetz*.
- Das Nichtraucherschutz*gesetz* war sehr umstritten.

---

frei

274

S

Ist dieser Platz *frei*?

Bücher

275

S

- Die Bücherei hat viele *Bücher* bekommen.
- Seine *Bücher* sind sehr originell.

Liter

276

S

- Ich habe 30 *Liter* Bier gekauft.
- Ich trinke jeden Tag zwei *Liter* Wasser.

llamar [ljamar] 277

S

Juan te ha *llamado* por teléfono.

llamarse [ljamarse] 278

S

-¿Cómo *se llama* usted?

-¿Cómo *se llama* su hermano?

llegar [ljegar] 279

S

-El tren *llegó* puntual.

-El avión ha *llegado* un poco antes.

llorar [ljorar] 280

S

¿Por qué *lloras* tanto?

anrufen 277

S

Juan hat dich *angerufen*.

heißen 278

S

- Wie *heißen* Sie?
- Wie *heißt* sein Bruder?

ankommen 279

S

- Der Zug *kam* pünktlich *an*.
- Das Flugzeug ist etwas früher *angekommen*.

weinen 280

S

Warum *weinst* du so viel?

lluvia ['ljubia] 281 S

- Las constantes *lluvias* ocasionaron los desprendimientos.
- Las intensas *lluvias* han provocado inundaciones.

luego ['luego] 282 S

- Nos vemos *luego*.
- ¡Hasta *luego*!

luna ['luna] 283 S

- El primer hombre que pisó *luna* fue un americano.
- La *luna* origina las mareas.

madre [maðre] 284 S

- La *madre* de Anita vive en La Rioja.
- Su *madre* cocina de maravilla.

Regen

281 S

- Der ständige *Regen* führte zu Erdrutschen.
- Der Dauer*regen* hat zu Hochwasser geführt.

später

282 S

- Wir sehen uns *später*.
- Bis *später*!

Mond

283 S

- Der erste Mensch auf dem *Mond* war ein Amerikaner.
- Die Gezeiten entstehen durch den *Mond*.

Mutter

284 S

- Anitas *Mutter* lebt in La Rioja.
- Seine *Mutter* kocht wunderbar.

maestro/-a [ma'estro/-a] 285

S

El *maestro* está enfermo.

maleta [ma'leta] 286

S

-¿Dónde se recogen las *maletas?*
-Mi *maleta* se ha extraviado.

manos [ma'no] 287

S

-Mis *manos* están muy frías.
-Tengo las *manos* secas.

manzana [man'θana] 288

S

Las *manzanas* tienen muchas vitaminas.

Lehrer/-in (Grundschule)

285 S

Der *Lehrer* ist krank.

Koffer

286 S

- Wo werden die *Koffer* abgeholt?
- Mein *Koffer* ist verloren gegangen.

Hand

287 S

- Meine *Hände* sind sehr kalt.
- Ich habe trockene *Hände*.

Äpfel

288 S

Die *Äpfel* haben viele Vitamine.

mar [mar] 289 S

El *mar* está movido.

marido [ma'riðo] 290 S

- El *marido* de Rosa trabaja en un estudio de arquitectos.
- Su *marido* está trabajando en el jardín.

marrón [ma'rron] 291 S

Se ha teñido el pelo de *marrón*.

matrícula [ma'trikula] 292 S

La *matrícula* se realiza en secretaría.

Meer

289

S

Das *Meer* ist unruhig.

Ehemann

290

S

- Rosas *Ehemann* arbeitet in einem Architekturbüro.
- Ihr *Ehemann* arbeitet gerade im Garten.

braun

291

S

Er hat seine Haare *braun* gefärbt.

Anmeldung

292

S

Die *Anmeldung* findet im Sekretariat statt.

media [meðias] 293 S

Allí venden *medias* baratas.

médico [meði'ko] 294 S

La semana pasada fui al *médico*.

medio ambiente 295 S
[meðio am'biente]

- Debemos cuidar nuestro *medio ambiente*.
- La política del *medio ambiente* es cada vez más importante.

medio kilo [meðio 'kilo] 296 S

- Me llevo *medio kilo* de pimientos.
- Necesitas *medio kilo* de harina para esta receta.

Strumpf

293

S

Dort verkauft man günstige *Strümpfe*.

Arzt

294

S

Letzte Woche war ich beim *Arzt*.

Umwelt

295

S

- Wir müssen unsere *Umwelt* schützen.
- Die *Umwelt*politik wird immer wichtiger.

---

halbes Kilo

296

S

- Ich nehme ein *halbes Kilo* Paprika.
- Für dieses Rezept brauchst du ein *halbes Kilo* Mehl.

medios ['meðios] 297

S

José trabaja en el departamento de *medios* de comunicación.

---

menos cuarto 298

[me'nos kuarto]

S

- A la una *menos cuarto* empieza la conferencia.
- No vemos a las tres *menos cuarto*.

---

mercado [mer'kaðo] 299

S

- La señora va al *mercado*.
- En el *mercado* se grita mucho.

---

merendar [meren'dar] 300

S

- Carmen aún no ha *merendado*.
- Los niños han *merendado* en el parque.

Medien

297 S

José arbeitet in der *Medien*-abteilung.

Viertel vor

298 S

- Um *Viertel vor* eins beginnt der Vortrag.
- Wir sehen uns um *Viertel vor* drei.

Markt/Markthalle

299 S

- Die Frau geht auf den *Markt*.
- Auf dem *Markt* wird sehr laut geschrieen.

eine Zwischenmahlzeit essen

300 S

- Carmen hat noch keine *Zwischenmahlzeit* gegessen.
- Die Kinder haben im Park eine *Zwischenmahlzeit* gegessen.

mes [meɵ] 301 S

-El año tiene doce *meses*.

-El bebé tiene cinco *meses.*

mesa ['mesa] 302 S

-La *mesa* está puesta.

-La *mesa* es de diseño.

metro [me'tro] 303 S

-El *metro* va lleno.

-Este *metro* tiene vagones nuevos.

minuto [minu'to] 304 S

-Pocos *minutos* más tarde todo había pasado.

-Llevo veinte *minutos* esperándote.

Monat

301

S

- Das Jahr hat zwölf *Monate*.
- Das Baby ist fünf *Monate* alt.

Tisch

302

S

- Der *Tisch* ist gedeckt.
- Es ist ein Designer*tisch*.

U-Bahn

303

S

- Die *U-Bahn* ist voll besetzt.
- Diese *U-Bahn* hat neue Wagen.

Minuten

304

S

- Nach wenigen *Minuten* war alles vorbei.
- Ich warte seit zwanzig *Minuten* auf dich.

misa ['misa] 305 S

- La *misa* estuvo muy concurrida.
- Todos los domingos van a *misa*.

---

moneda [mo'neða] 306 S

Le dio la *moneda* al vendedor.

---

montar a caballo 307 S
[mon'tar a ka'baljo]

- Durante las vacaciones *monté a* menudo a *caballo*.
- Para *montar a caballo* debe llevarse casco.

---

monte ['monte] 308 S

Hacemos una excursión en el *monte*.

Messe 305

S

- Die *Messe* war gut besucht.
- Sie gehen jeden Sonntag in den *Gottesdienst*.

Münze 306

S

Sie gab dem Verkäufer die *Münze*.

---

reiten 307

S

- In den Ferien bin ich oft *geritten*.
- Beim *Reiten* sollte man einen Helm aufsetzen.

Berg 308

S

Wir machen einen Ausflug in die *Berge*.

morir [mo'rir] 309 S

El padre *murió* hace 5 años.

móvil ['mobil] 310 S

- ¿Cuál es tu número de *móvil*?
- Ha desconectado el *móvil*.

mucho/a ['mutʃo/-a] 311 S

Tengo *muchos* libros aburridos.

mujer [mucher] 312 S

- La *mujer* de Óscar está en el hospital.
- La *mujer* de Antonio es enfermera.

sterben

309 S

Der Vater *starb* vor 5 Jahren.

Handy

310 S

- Welche *Handy*nummer hast du?
- Er hat sein *Handy* ausgeschaltet.

---

viel, sehr

311 S

Ich habe *viele* langweilige Bücher.

Ehefrau

312 S

- Oscars *Ehefrau* liegt im Krankenhaus.
- Antonios *Ehefrau* ist Krankenschwester.

museo [mu'seo] 313 S

- ¿Vamos el fin de semana al *museo*?
- El *Museo* del Prado está en Madrid.

---

música ['musika] 314 S

- ¿Qué *música* te gusta?
- Margarita va a la Escuela Superior de *Música*.

---

nacionalidad [naθionali'dad] 315 S

- Luis ha cambiado de *nacionalidad*.
- ¿Qué *nacionalidad* tienes?

---

nada ['naða] 316 S

De sus sueños, no ha quedado *nada*.

Museum

313

S

- Gehen wir am Wochenende ins *Museum*?
- Der Prado, das *Museum,* befindet sich in Madrid.

Musik

314

S

- Was für eine *Musik* hörst du gern?
- Margarita besucht die *Musik*hochschule.

Staatsangehörigkeit

315

S

- Luis hat die *Staatsangehörigkeit* gewechselt.
- Welche *Staatsangehörigkeit* hast du?

nichts

316

S

Von seinen Träumen ist *nichts* geblieben.

nadar [na'ðar] 317 S

-A Oscar le encanta *nadar*.

-Prefiero *nadar* en el mar.

naranja *[na'rancha]* 318 S

Manuel es alérgico a las *naranjas*.

nariz [na'riθ] 319 S

-José se ha roto la *nariz*.

-Tiene la *nariz* muy grande.

naturaleza [natura'leθa] 320 S

-Lo más bonito es estar en la *naturaleza*.

-Martín es un amante de la *naturaleza*.

schwimmen

317

S

- Oscar *schwimmt* sehr gern.
- Ich *schwimme* lieber im Meer.

Orangen

318

S

Manuel ist allergisch auf *Orangen*.

Nase

319

S

- José hat sich die *Nase* gebrochen.
- Er hat eine große *Nase*.

Natur

320

S

- Am schönsten ist es in der grünen *Natur*.
- Martín ist ein *Natur*freund.

navegar [nabe'gar] 321 S

Los jóvenes *navegan* a menudo por internet.

Navidad [nabi'ðað] 322 S

Por *Navidad* vamos a casa de los abuelos.

negro/-a [ne'gro/-a] 323 S

Tiene un hermoso pelo *negro*.

nieve ['niebe] 324 S

- Los niños se alegran cuando cae *nieve*.
- Los niños hicieron un muñeco de *nieve*.

surfen

321 S

Die Jugendlichen *surfen* oft im Internet.

Weihnachten

322 S

Zu *Weihnachten* fahren wir zu den Großeltern.

schwarz

323 S

Sie hat tolle *schwarze* Haare.

Schnee

324 S

- Die Kinder bauten einen *Schnee*mann.
- Die Kinder freuen sich über den *Schnee*.

no [no] 325 S

-*No* podremos ir a la fiesta.

-*No*, no quiero ir a comprar.

notas ['notas] 326 S

-Mario no ha obtenido *notas* satisfactorias.

-Francisco está orgulloso de sus *notas*.

novio/-a [nobio/-a] 327 S

-Paco tiene una nueva *novia*.

-Su *novio* toca la guitarra.

nubes ['nubes] 328 S

-Los aviones vuelan sobre las *nubes*.

-Esto son *nubes* de lluvia.

nein, nicht

325

S

- Wir können *nicht* zu der Party gehen.
- *Nein*, ich möchte nicht einkaufen gehen.

Noten

326

S

- Mario hat keine zufriedenstellenden *Noten* bekommen.
- Francisco ist stolz auf seine *Noten*.

Freund/-in

327

S

- Paco hat eine neue *Freundin*
- Ihr *Freund* spielt Gitarre.

Wolken

328

S

- Die Flugzeuge fliegen über den *Wolken*.
- Das sind Regen*wolken*.

números ['numero] 329

S

- Mi *número* favorito es el 3.
- La niña aprende los *números*.

---

océano [oθe'ano] 330

S

El canal de Panamá une dos *océanos*.

---

oferta [o'ferta] 331

S

- El café está de *oferta*.
- Las *ofertas* de la semana salen en el periódico.

---

ojos ['ocho] 332

S

- Sus *ojos* son azules.
- Tiene unos *ojos* enormes.

Zahl, Nummer, Ziffer

329
S

- Meine Lieblings*zahl* ist die 3.
- Das Mädchen lernt die *Zahlen*.

Ozean

330
S

Der Panamakanal verbindet zwei *Ozeane*.

Angebot

331
S

- Der Kaffee ist gerade im *Angebot*.
- Die *Angebote* der Woche stehen in der Zeitung.

Augen

332
S

- Ihre *Augen* sind blau.
- Er hat riesige *Augen*.

ordenador [orðena'ðor] 333 S

- Sin el *ordenador* ya casi no se puede trabajar.
- En la escuela los niños aprenden a usar el *ordenador*.

---

orejas [ore'chas] 334 S

Las *orejas* de Pedro son grandes.

---

padre [paðre] 335 S

- El *padre* de Anita es médico.
- Tu *padre* me cae muy bien.

---

paella [pa'elja] 336 S

- La *paella* es oriunda de Valencia.
- En la fiesta hicieron una *paella* gigante.

Computer 333

S

- Ohne *Computer* kann man fast nicht mehr arbeiten.
- In der Schule lernen die Kinder, mit dem *Computer* umzugehen.

Ohren 334

S

Pedro hat große *Ohren*.

Vater 335

S

- Anitas *Vater* ist Arzt.
- Deinen *Vater* finde ich sehr nett.

Paella 336

S

- Die *Paella* stammt aus Valencia.
- Auf dem Fest wurde eine riesige *Paella* zubereitet.

pagar [pa'gar] 337

S

- Sofia no *ha pagado*.
- La lavadora se puede *pagar* a plazos.

país [pa'is] 338

S

- Dejé mi *país* hace 15 años.
- Cada *país* tiene sus costumbres.

paisaje [pai'sache] 339

S

- El *paisaje* es montañoso.
- Emilio pinta *paisajes* mediterráneos.

pájaro ['pacharo] 340

S

Los *pájaros* emigran al sur.

zahlen, bezahlen

337
S

- Sofia *hat* nicht *bezahlt*.
- Man kann die Waschmaschine in Raten *bezahlen*.

Land

338
S

- Ich verließ mein *Land* vor 15 Jahren.
- Jedes *Land* hat seine eigenen Sitten.

Landschaft

339
S

- Die *Landschaft* ist gebirgig.
- Emilio malt mediterrane *Landschaften*.

Vogel

340
S

Die *Vögel* ziehen nach Süden.

pan [pan] 341

S

- El *pan* está duro.
- El *pan* es un alimento básico.

pantalon(es) [panta'lon] 342

S

- Lleva *pantalones* nuevos.
- Los *pantalones* están rotos.

Papa ['papa] 343

S

El *Papa* vive en Roma.

para [pa'ra] 344

S

¿Va este tren *para* Cádiz?

Brot

341

S

- Das *Brot* ist hart.
- *Brot* ist ein Grundnahrungsmittel.

Hose

342

S

- Er trägt eine neue *Hose*.
- Die *Hose* ist kaputt.

Papst

343

S

Der *Papst* lebt in Rom.

nach

344

S

Ist dies der Zug *nach* Cádiz?

¿para cuándo? 345
[para kuan'ðo] S

- *¿Para cuándo* necesitas el libro?
- *¿Para cuándo* has reservado el hotel?

---

parada [pa'raða] 346
S

- ¿Cuántas *paradas* faltan hasta la llegada?
- Esta *parada* es muy céntrica.

Parlamento [parla'mento] 347
S

Los diputados constituyen el *Parlamento*.

---

paro ['paro] 348
S

- Este mes el *paro* ha aumentado drásticamente.
- El *paro* es un problema bastante generalizado.

für wann?

345

S

- *Für wann* brauchst du das Buch?
- *Für wann* hast du das Hotel reserviert?

Haltestelle

346

S

- Wie viele *Haltestellen* sind es bis zum Ziel?
- Diese *Haltestelle* ist sehr zentral gelegen.

Parlament

347

S

Die Abgeordneten bilden das *Parlament*.

Arbeitslosigkeit

348

S

- Die *Arbeitslosigkeit* ist in diesem Monat drastisch gestiegen.
- Die *Arbeitslosigkeit* ist ein allgemein verbreitetes Problem.

partido [par'tiðo] 349 S

- ¿Qué *partido* político es de tu gusto?
- Todos los *partidos* democráticos se presentan a las elecciones.

---

partir [par'tir] 350 S

El autobús para Vigo *parte* en este momento.

---

pasaporte [pasa'porte] 351 S

- ¡Muestren sus *pasaportes*!
- Tengo que renovar mi *pasaporte*.

Pascua ['paskua] 352 S

En *Pascua* los niños reciben pequeños regalos.

Partei

349

S

- Welche *Partei* magst du?
- Alle demokratischen *Parteien* stellen sich zur Wahl.

---

abreisen, abfahren

350

S

Der Bus nach Vigo *fährt* in diesem Moment *ab*.

Pass

351

S

- Zeigen Sie Ihre *Pässe*!
- Ich muss meinen *Pass* erneuern lassen.

Ostern

352

S

An *Ostern* bekommen die Kinder kleine Geschenke.

pasear [pase'ar] 353

S

- Los Ramírez suelen *pasear* por el bosque los domingos.
- Si vas a *pasear*, llévate la chaqueta.

---

pastillas [pas'tiljas] 354

S

Tome estas *pastillas*.

---

patatas [pa'tatas] 355

S

Hemos pedido unas *patatas* bravas.

---

patrón [pa'tron] 356

S

El *patrón* trata muy bien a sus empleados.

spazieren gehen

353

S

- Sonntags *gehen* die Ramírez im Wald *spazieren*.
- Wenn du *spazieren gehst*, nimm deine Jacke mit.

Tablette

354

S

Nehmen Sie diese *Tabletten*.

Kartoffeln

355

S

Wir haben *Kartoffeln* mit scharfer Soße bestellt.

Arbeitgeber

356

S

Der *Arbeitgeber* behandelt seine Mitarbeiter sehr gut.

película [pe'likula] 357 S

- La *película* no fue de mi gusto.
- He visto la *película* en versión original.

pelo [pelo] 358 S

- Su *pelo* es castaño.
- Montse lleva el *pelo* largo.

pena ['pena] 359 S

¡Me da mucha *pena*!

Pentecostés [pentekos'tes] 360 S

Mi colega va a España en *Pentecostés*.

Film

357

S

- Der *Film* war nicht nach meinem Geschmack.
- Ich habe den *Film* in der Originalfassung gesehen.

Haar

358

S

- Sein *Haar* ist braun.
- Montse hat langes *Haar*.

Kummer

359

S

Es tut mir sehr *leid*.

Pfingsten

360

S

Mein Arbeitskollege fliegt zu *Pfingsten* nach Spanien.

perder [per'ðer] 361 S

-*Perdieron* 3 a 0.

-Han *perdido* por muy poco.

perdón [perðon] 362 S

-*Perdón*, ¿dónde está el hotel Aston?

-*Perdón*, ¿qué hora es?

periódico [pe'rioðiko] 363 S

-Trabaja de redactora en un *periódico*.

-Este *periódico* es más bien de tendencia conservadora.

pero [pe'ro] 364 S

La historia es corta *pero* interesante.

verlieren

361 S

- Sie *verloren* 3:0.
- Sie *haben* sehr knapp *verloren*.

Entschuldigung

362 S

- *Entschuldigung*, wo ist das Hotel Aston?
- *Entschuldigung*, wie viel Uhr ist es?

Zeitung

363 S

- Sie arbeitet als Redakteurin bei einer *Zeitung*.
- Diese *Zeitung* ist eher konservativ.

aber

364 S

Die Geschichte ist kurz, *aber* interessant.

perro ['perro] 365 S

El *perro* vigila la casa.

pescadería [peskaðe'ria] 366 S

- Te recomiendo esta *pescadería*.
- En esta *pescadería* el pescado siempre es muy fresco.

pescar [pes'kar] 367 S

¿Puedes *pescar* en este río?

pie [pie] 368 S

- El *pie* de María está hinchado.
- Tengo los *pies* helados.

Hund

365

S

Der *Hund* bewacht das Haus.

Fischgeschäft

366

S

- Ich empfehle dir dieses *Fischgeschäft*.
- Der Fisch aus diesem *Fischladen* ist immer sehr frisch.

---

angeln

367

S

Darfst du an diesem Fluss *angeln*?

Fuß

368

S

- Marias *Fuß* ist geschwollen.
- Ich habe eiskalte *Füße*.

piernas ['pierna] 369

- Le duelen las *piernas*. S
- Carmen tiene las *piernas* muy bonitas.

---

pimientos [pi'mientos] 370

Los *pimientos* están de oferta. S

---

piña ['pinja] 371

¿Quieres un zumo de *piña*? S

---

piscina [pis'θina] 372

- Hoy hay una competición en la *piscina*. S
- En la *piscina* dan cursos de natación.

Bein

369

S

- Er hat Beinschmerzen.
- Carmen hat sehr schöne *Beine*.

Paprika

370

S

Paprika sind im Angebot.

Ananas

371

S

Möchtest du einen *Ananas*saft?

Schwimmbad

372

S

- Heute findet ein Wettbewerb im *Schwimmbad* statt.
- Im *Schwimmbad* werden Schwimmkurse angeboten.

piso ['piso] 373 S

El *piso* es muy confortable.

---

plantas ['planta] 374 S

-He comprado nuevas *plantas*.
-Las *plantas* producen oxígeno.

---

plato del día ['plato del 'dia] 375 S

-¿Cuál es el *plato del día*?
-El *plato del día* no me gusta.

---

plazas ['plaθas] 376 S

No quedan *plazas*.

Wohnung

373

S

Die *Wohnung* ist sehr gemütlich.

Pflanze

374

S

- Ich habe neue *Pflanzen* gekauft.
- Die *Pflanzen* produzieren Sauerstoff.

Tagesgericht

375

S

- Was ist das *Tagesgericht*?
- Das *Tagesgericht* schmeckt mir nicht.

Plätze

376

S

Es sind keine *Plätze* mehr frei.

poder [po'ðer] 377 S

-*¿Puede* abrir la ventana, por favor?
-*Podemos* hacer una excursión.

---

poder [po'der] 378 S

El Canciller tiene mucho *poder*.

Policía [poli'θia] 379 S

-Una de las *policías* nacionales de España es la Guardia Civil.
-La *policía* llegó rápido al lugar del accidente.

---

poner [po'ner] 380 S

Ahora te *pongo* con Carmen.

können

377

S

- *Könnten* Sie bitte das Fenster öffnen?
- Wir *können* einen Ausflug machen.

Macht

378

S

Der Kanzler hat viel *Macht*.

Polizei

379

S

- Die National*polizei* in Spanien ist die Guardia Civil.
- Die *Polizei* kam schnell an die Unfallstelle.

verbinden mit

380

S

Ich *verbinde* dich gleich *mit* Carmen.

póngame [pon'game] 381 S

Por favor, *póngame* 1 kilo de arroz.

por [por] 382 S

Conducimos *por* el desierto.

por favor [por fa'ƀor] 383 S

-La cuenta, *por favor*.

-¡Dáme la bolsa, *por favor*!

por qué [por 'ke] 384 S

-¿*Por qué* no vienes con nosotros?

-¿*Por qué* no escuchas música?

geben Sie mir

381
S

Bitte *geben Sie mir* 1 Kilo Reis.

durch

382
S

Wir fahren *durch* die Wüste.

bitte

383
S

- Die Rechnung, *bitte*.
- Gib mir die Tasche, *bitte*!

warum

384
S

- *Warum* kommst du nicht mit uns?
- *Warum* hörst du keine Musik?

postre ['postre] 385

S

Conchita, ¿pedimos un *postre*?

precio [preθio] 386

S

- ¿Cuál es el *precio*?
- Los *precios* suben cada vez más.

preparar [prepa'rar] 387

S

La abuela está *preparando* la cena.

presidente [presi'dente] 388

S

- El nuevo *presidente* pertenece a otro partido político.
- El *presidente* hace un discurso.

Nachtisch

385
S

Conchita, bestellen wir einen *Nachtisch*?

Preis

386
S

- Wie hoch ist der *Preis*?
- Die *Preise* steigen immer mehr.

zubereiten

387
S

Die Oma *bereitet* gerade das Abendessen *zu*.

Präsident/-in

388
S

- Der neue *Präsident* ist Mitglied einer anderen politischen Partei.
- Der *Präsident* hält eine Rede.

primer plato [pri'mer 'plato] 389

S

De *primer plato*, me trae gambas al ajillo, por favor.

---

probarse [pro'barse] 390

S

¿Me puedo *probar* la blusa?

---

profesión [profe'sion] 391

S

- ¿Cuál es la *profesión* de tus sueños?
- En la mayoría de *profesiones* hay que estar al día.

---

profesor/-ra [profe'sor/-a] 392

S

- La *profesora* de matemáticas es muy competente.
- El *profesor* de historia me tiene manía.

erster Gang

389 S

Als *ersten Gang* bringen Sie mir mit Knoblauch gebratene Garnelen, bitte.

---

anprobieren

390 S

Darf ich die Bluse *anprobieren*?

Beruf

391 S

- Was ist dein Traum*beruf?*
- In den meisten *Berufen* muss man sich auf dem aktuellen Stand halten.

Lehrer/-in (Sekundärschule)

392 S

- Die Mathematik*lehrerin* ist sehr kompetent.
- Der Geschichts*lehrer* kann mich nicht leiden.

pronto ['pronto] 393

S

-Te visito lo más *pronto* posible.

-Necesito la mercancía *pronto*.

---

proteger [prote'cher] 394

S

La policía *protege* a los ciudadanos.

---

protestante [protes'tante] 395

S

La Iglesia *protestante* no tiene Papa.

---

público [públiko] 396

S

Hubo mucho *público* en el circo.

bald

393
S

- Ich besuche dich so *bald* wie möglich.
- Ich brauche die Ware *bald*.

schützen

394
S

Die Polizei *schützt* die Bürger.

evangelisch

395
S

Die *evangelische* Kirche hat keinen Papst.

Zuschauer

396
S

Es waren viele *Zuschauer* im Zirkus.

pueblo ['pueblo] 397 S

- Pasamos por muchos *pueblos* durante nuestro viaje a Zaragoza.
- Los *pueblos* blancos de Andalucía son muy pintorescos.

puerta de embarque 398 S
['puerta de em'barke]

Alli está la *puerta de embarque* 8.

puntual [pun'tual] 399 S

- El metro ha llegado *puntual*.
- Este autobús nunca es *puntual*.

qué [ke] 400 S

- ¿*Qué* te gusta bailar?
- ¿*Qué* te pones esta noche?

Dorf

397

S

- Auf der Reise nach Zaragoza fuhren wir durch viele *Dörfer*.
- Die weißen *Dörfer* Andalusiens sind sehr malerisch.

Ausgang, Gate

398

S

Dort ist *Gate* 8.

pünktlich

399

S

- Die U-Bahn ist *pünktlich* gekommen.
- Dieser Bus ist nie *pünktlich*.

was

400

S

- *Was* tanzt du am liebsten?
- *Was* ziehst du heute Abend an?

¿qué tal? [ke tal] 401 S

Hola, *¿qué tal?*

quedar(se) [ke'ðar(se)] 402 S

- Hoy por la tarde me *quedo* en casa.
- ¿Dónde *quedamos* mañana?

quién [kien] 403 S

- *¿Quién* es el cantante?
- *¿Quién* es tu profesora de latín?

radio ['rraðio] 404 S

- La *radio* está muy alta.
- Siempre escucho *radio* en el coche.

wie geht's?

401

S

Hallo, *wie geht's?*

verbleiben, sich treffen

402

S

- Heute Nachmittag *bleibe* ich zu Hause.
- Wo *treffen* wir *uns* morgen?

wer

403

S

- *Wer* ist der Sänger?
- *Wer* ist deine Lateinlehrerin?

Radio

404

S

- Das *Radio* ist zu laut.
- Im Auto höre ich immer *Radio*.

rápido/-a [rra'piðo/-a] 405

S

- El autobús no es precisamente *rápido*.
- Por ciudad, lo más *rápido* es el metro.

raro/-a ['rraro/-a] 406

S

- *Raras* veces nos vemos en el trabajo.
- Hemos vivido aventuras *raras*.

recoger [rre'kocher] 407

S

¿Vienen a *recogerle*?

refresco [rre'fresko] 408

S

Los *refrescos* se han agotado.

schnell

405 S

- Der Bus ist nicht gerade *schnell*.
- In der Stadt ist die U-Bahn am *schnellsten*.

selten, merkwürdig

406 S

- Selten sehen wir uns bei der Arbeit.
- Wir haben *merkwürdige* Erlebnisse gehabt.

abholen

407 S

Werden Sie *abgeholt*?

Erfrischungsgetränk

408 S

Die *Erfrischungsgetränke* sind ausgegangen.

reina ['rreina] 409 S

La *reina* tiene muchas responsabilidades.

---

religión [rreli'chion] 410 S

- En el mundo existen diversas *religiones*.
- En la escuela dan clase de *religión*.

---

reservar [rreser'bar] 411 S

- No he *reservado* ningún vuelo.
- Quiero *reservar* asiento en el tren.

---

restar [rres'tar] 412 S

Tres personas no han podido venir. Por favor *réstelas* del número total de invitados.

Königin

409

S

Die *Königin* hat viel Verantwortung.

Religion

410

S

- Auf der Welt gibt es verschiedene *Religionen*.
- In der Schule wird *Religion* unterrichtet.

reservieren

411

S

- Ich *habe* keinen Flug *reserviert*.
- Ich möchte einen Sitzplatz für den Zug *reservieren*.

abziehen, subtrahieren

412

S

Drei Personen können nicht kommen. Wir müssen sie von der Zahl der Gäste *abziehen*.

restaurante [rrestau'rante] 413

S

- Es un *restaurante* muy famoso.
- ¿Qué *restaurante* me recomiendas?

retraso [rretra'so] 414

S

- El avión llega con *retraso*.
- ¡Perdón por el *retraso!*

revista [rre'bista] 415

S

- Teresa compra *revistas* en el quiosco.
- En la sala de espera hay *revistas*.

rey [rrei] 416

S

- El país tiene un nuevo *rey*.
- El *rey* de España reside en Madrid.

Restaurant

413

S

- Es ist ein sehr bekanntes *Restaurant*.
- Welches *Restaurant* empfiehlst du mir?

Verspätung

414

S

- Das Flugzeug hat *Verspätung*.
- Entschuldigung für die *Verspätung*!

Zeitschrift

415

S

- Teresa kauft *Zeitschriften* am Kiosk.
- Im Wartezimmer gibt es *Zeitschriften*.

König

416

S

- Das Land hat einen neuen *König*.
- Spaniens *König* residiert in Madrid.

río ['rrio] 417 S

Los *ríos* están secos.

robar [rro'bar] 418 S

Han *robado* el coche.

rojo/-a ['rrocho/-a] 419 S

El *rojo* es mi color favorito.

ropa ['rropa] 420 S

- La *ropa* está sucia.
- La *ropa* para la fiesta ya está planchada.

Fluss

417 S

Die *Flüsse* sind trocken.

stehlen

418 S

Das Auto wurde *gestohlen*.

rot

419 S

Rot ist meine Lieblingsfarbe.

Kleidung

420 S

- Die *Kleidung* ist schmutzig.
- Die *Kleidung* für das Fest ist schon gebügelt.

rueda ['rrueda] 421 S

Los *ruedas* son nuevas.

sala ['sala] 422 S

- Compró muebles nuevos para el *sala*.
- En la *sala* hay una chimenea.

salario [sa'lario] 423 S

El *salario* no le alcanza para todo el mes.

salida [sa'liða] 424 S

Pasen a la *salida* 12.

Reifen

421

S

Die *Reifen* sind neu.

Wohnzimmer

422

S

- Er kaufte neue *Wohnzimmer*-möbel.
- Im *Wohnzimmer* ist ein offener Kamin.

Lohn

423

S

Sein *Lohn* reicht ihm nicht für den ganzen Monat.

Ausgang

424

S

Bitte gehen Sie zum *Ausgang* 12.

salir [sa'lir] 425 S

- ¿A qué hora *sale* el tren?
- El tren *sale* con retraso.

---

saltar [sal'tar] 426 S

- Belén logró *saltar* los 2.80 metros.
- Al *saltar* se torció el pie.

---

sangría [san'gria] 427 S

¿Pedimos una *sangría*?

---

segundo [segun'ðo] 428 S

- En unos *segundos* empieza la carrera.
- Un *segundo,* por favor.

wegfahren, abfahren

425
S

- Wann *fährt* der Zug *ab?*
- Der Zug *fährt* mit Verspätung *ab.*

---

springen

426
S

- Belén konnte 2,80 Meter weit *springen.*
- Beim *Springen* verstauchte sie sich den Fuß.

Sangría

427
S

Bestellen wir eine *Sangría*?

Sekunde

428
S

- In wenigen *Sekunden* beginnt das Rennen.
- Eine *Sekunde,* bitte.

seguridad social
[se'guridad so'θial]

429 S

Muchos países no disponen de *seguridad social*.

---

sello ['seljo]

430 S

Mateo colecciona *sellos*.

---

semana [se'mana]

431 S

- Ha sido una *semana* tranquila.
- La *semana* que viene tengo vacaciones.

---

señor [senjor]

432 S

- ¡Buenas tardes, *señor* Jiménez!
- ¿Está el *señor* Mir?

Sozialversicherung

429 S

Viele Länder haben keine *Sozialversicherung*.

Briefmarke

430 S

Mateo sammelt *Briefmarken*.

Woche

431 S

- Es war eine ruhige *Woche*.
- Nächste *Woche* habe ich Urlaub.

Herr

432 S

- Guten Tag, *Herr* Jiménez!
- Ist *Herr* Mir da?

señora [senjora] 433

S

-¡Buenas tardes, *señora* Jiménez!

-*Señora* Monte, éste es el señor González.

---

sentir [sen'tir] 434

S

Lo *siento*, no puedo ir con vosotros.

---

ser [ser] 435

S

-Mario *es* de Valencia.

-Carlos *es* muy simpático.

---

sermón [ser'mon] 436

S

El Pastor hace cada domingo un *sermón*.

Frau

433

S

- Guten Tag, *Frau* Jiménez!
- *Frau* Monte, das ist Herr González.

leid tun

434

S

Es *tut* mir *leid*, ich kann nicht mit euch kommen.

sein

435

S

- Mario *ist* aus Valencia.
- Carlos *ist* sehr nett.

Predigt

436

S

Der Pastor hält jeden Sonntag eine *Predigt*.

servicio de urgencias 437
[ser'biθio ðe ur'chenθia]

S

Se quedó un día en el *servicio de urgencias*.

---

si [si] 438

S

-*Si* tienes tiempo, llámame.

-*Si* no llegas a tiempo, toma un taxi.

---

sierra ['sierra] 439

S

Desde el avión se puede ver la *sierra*.

---

silla ['silja] 440

S

-Hay seis *sillas* en el comedor.

-Todas las *sillas* son diferentes.

Notaufnahme

437

S

Er blieb einen Tag in der *Notaufnahme*.

falls, wenn

438

S

- *Falls* du Zeit hast, ruf mich an.
- *Wenn* du nicht rechtzeitig ankommst, nimm ein Taxi.

Gebirge

439

S

Vom Flugzeug aus kann man das *Gebirge* sehen.

Stuhl

440

S

- Im Esszimmer gibt es sechs *Stühle*.
- Alle *Stühle* sind verschieden.

sin [sin] 441 S

El chico viaja *sin* sus padres.

---

sofá [so'fa] 442 S

- El *sofá* es negro.
- El *sofá* está en un rincón.

---

sol [sol] 443 S

- En la playa quemaba el *sol*.
- Le gusta tomar el *sol*.

---

sonar [so'nar] 444 S

El teléfono *suena* todo el día.

ohne

441 S

Der Junge verreist *ohne* seine Eltern.

Sofa

442 S

- Das *Sofa* ist schwarz.
- Das *Sofa* steht in einer Ecke.

Sonne

443 S

- Am Strand brannte die *Sonne*.
- Sie nimmt gern ein *Sonnen*bad.

klingeln

444 S

Das Telefon *klingelt* den ganzen Tag.

sueldo ['sueldo] 445 S

- ¿Te han aumentado el *sueldo*?
- Eva quiere pedir un aumento de *sueldo*.

tapas ['tapas] 446 S

- Ese bar tiene unas *tapas* excelentes.
- Las *tapas* son típicas de España.

tarjeta [tar'cheta] 447 S

- Pago con *tarjeta*.
- No tiene *tarjeta* de crédito.

taxi ['tagsi] 448 S

- ¿Tomamos un *taxi?*
- ¡Llama un *taxi,* por favor!

Gehalt

445

S

- Hast du eine *Gehalts*erhöhung bekommen?
- Eva möchte um eine *Gehalts*erhöhung bitten.

Tapas, kleine Imbisse

446

S

- Diese Bar hat ausgezeichnete *Tapas*.
- Die *Tapas* sind typisch für Spanien.

Karte

447

S

- Ich zahle mit der *Karte*.
- Er hat keine Kredit*karte*.

Taxi

448

S

- Nehmen wir ein *Taxi?*
- Ruf ein *Taxi,* bitte!

teatro [te'atro] 449
S

- ¿Vamos al *teatro*?
- En Madrid hay muchos *teatros*.

teléfono [te'lefono] 450
S

- La compañía ha instalado nuevos *teléfonos*.
- He perdido tu número de *teléfono*.

televisión [telebi'sion] 451
S

- Han inaugurado un nuevo canal de *televisión*.
- La *televisión* influye a la gente.

temperatura [tempera'tura] 452
S

La *temperatura* bajó anoche a menos 2 grados.

Theater

449
S

- Gehen wir ins *Theater*?
- In Madrid gibt es viele *Theater*.

Telefon

450
S

- Die Gesellschaft hat neue *Telefone* installiert.
- Ich habe deine *Telefon*nummer verloren.

Fernsehen

451
S

- Sie haben einen neuen *Fernseh*kanal eingweiht.
- Das *Fernsehen* beeinflusst die Leute.

Temperatur

452
S

Die *Temperatur* fiel letzte Nacht auf minus 2 Grad.

tener [te'ner] 453

S

- Mi abuela *tiene* tres gatos.
- *Tienes* mucha paciencia.

tener hambre 454

[te'ner 'ambre]

S

- Aún no ha comido, por eso *tiene* un *hambre* de lobo.
- Después del deporte siempre *tiene* mucho *hambre*.

tener que [te'ner ke] 455

S

- Ella *tiene* que lavar el coche.
- *Tengo* que recoger a los niños.

tener sed [te'ner seð] 456

S

- Los niños después del recreo *tienen* mucha sed.
- *Tengo* tanta sed por el calor que hace.

haben

453 S

- Meine Oma *hat* drei Katzen.
- Du *hast* viel Geduld.

Hunger haben

454 S

- Er hat noch nicht gegessen, deshalb *hat* er einen Bären*hunger*.
- Nach dem Sport *hat* er immer großen *Hunger*.

müssen

455 S

- Sie *muss* das Auto waschen.
- Ich *muss* die Kinder abholen.

durstig sein

456 S

- Die Kinder *sind* nach der Pause sehr *durstig*.
- Weil es so heiß ist, *habe* ich so einen *Durst*.

tenga [ten'ga] 457

S

- *Tenga* el cambio.
- *Tenga*, veinte euros.

---

termómetro [ter'mometro] 458

S

Afuera, sobre la ventana de la cocina, hay un *termómetro*.

---

tiempo ['tiempo] 459

S

- ¿Qué *tiempo* hace?
- Si hace mal *tiempo*, nos quedamos en casa.

---

tienda ['tienda] 460

S

- La *tienda* está abierta.
- En esta *tienda* encuentro siempre lo que busco.

hier haben Sie

457 S

- *Hier haben Sie* das Wechselgeld.
- Bitte, *hier haben Sie* zwanzig Euro.

Thermometer

458 S

Draußen am Küchenfenster hängt ein *Thermometer*.

Wetter

459 S

- Wie ist das *Wetter*?
- Wenn das *Wetter* schlecht ist, bleiben wir zu Hause.

Laden

460 S

- Der *Laden* ist geöffnet.
- In diesem *Laden* finde ich immer das, was ich suche.

tienda de campaña 461
['tienda de kam'panja] S

La *tienda de campaña* es para seis personas.

Tierra ['tierra] 462
S

La *Tierra* es redonda.

---

tomar [to'mar] 463
S

Luisa *toma* el autobús para Oviedo.

---

tonelada [tone'laðа] 464
S

- La nueva mercancía pesa dos *toneladas*.
- Puedo conducir un camión de siete *toneladas*.

Zelt

461 S

Das *Zelt* ist für sechs Personen.

Erde

462 S

Die *Erde* ist rund.

nehmen

463 S

Luisa *nimmt* den Bus nach Oviedo.

Tonne

464 S

- Die neue Ware wiegt zwei *Tonnen*.
- Ich darf einen Lastwagen bis sieben *Tonnen* fahren.

tormenta [tor'menta] 465

S

Se desencadena una *tormenta* sobre América Central.

---

trabajar [tra'bachar] 466

S

¿Sr. Ramírez, *trabaja* usted en el banco?

---

traer [tra'er] 467

S

¿Nos *trae* la carta de postres, por favor?

---

traje [tra'che] 468

S

- Llevé el *traje* a la tintorería.
- Para el trabajo necesita un *traje* negro.

Sturm

465 S

Über Mittelamerika wütet ein *Sturm*.

arbeiten

466 S

Herr Ramírez, *arbeiten* Sie in einer Bank?

(her)bringen

467 S

Können Sie uns bitte die Nachtischkarte *bringen?*

Anzug

468 S

- Ich *brachte* den Anzug in die Reinigung.
- Für die Arbeit *braucht* er einen schwarzen Anzug.

tren [tren] 469 S

- El *tren* llegó antes de tiempo.
- ¿Vas en *tren* o en coche?

---

tristeza [tris'teθa] 470 S

Una gran *tristeza* llenó su corazón.

---

turista [tu'rista] 471 S

- Pamplona está llena de *turistas*.
- Los *turistas* pueden disfrutar de sus vacaciones.

---

un cuarto de kilo [un kuar'to de 'kilo] 472 S

- *Un cuarto de kilo* de mantequilla cuesta 2 euros.
- Quería *un cuarto de kilo* de almendras.

Zug

469

S

- Der *Zug* kam etwas früher.
- Fährst du mit dem *Zug* oder mit dem Auto?

Traurigkeit

470

S

Eine große *Traurigkeit* erfüllte ihr Herz.

Tourist/-in

471

S

- Pamplona ist voll von *Touristen*.
- Die *Touristen* können ihren Urlaub genießen.

ein Viertel Kilo (halbes Pfund)

472

S

- Ein *halbes Pfund* Butter kostet 2 Euro.
- Ich hätte gern *ein Viertel Kilo* Mandeln.

universidad [unibersi'ðað] 473

S

- Rocío va a la *universidad*.
- La *Universidad* de Salamanca da cursos de español para extranjeros.

---

uvas ['ubas] 474

S

En España se comen doce *uvas* en Nochevieja.

---

valle ['balje] 475

S

En el *valle* hay una fonda acogedora.

---

vender [ben'ðer] 476

S

- *Vendió* su casa.
- En la panadería *venden* pan integral.

Universität

473

S

- Rocío besucht die *Universität*.
- Die *Universität* von Salamanca bietet Spanischkurse für Ausländer an.

Trauben

474

S

In Spanien isst man an Silvester zwölf *Trauben*.

Tal

475

S

Im *Tal* steht ein gemütliches Gasthaus.

---

verkaufen

476

S

- Er *verkaufte* sein Haus.
- In der Bäckerei wird Vollkornbrot *verkauft*.

venir [be'nir]

¿Viene Manolo a la fiesta?

477

S

---

venta ['benta]

La *venta* no marcha bien.

478

S

---

ver [ber]

Federico *ve* la tele por la noche.

479

S

---

verde [berðe]

Los tomates están *verdes*.

480

S

kommen 477 S

Kommt Manolo zu der Party?

Verkauf 478 S

Der *Verkauf* läuft nicht so gut.

sehen 479 S

Federico *sieht* abends fern.

grün 480 S

Die Tomaten sind *grün*.

verdulería [berðule'ria] 481

S

- Han abierto una nueva *verdulería* en esta calle.
- Esta *verdulería* vende sólo productos ecológicos.

---

verduras [berðuras] 482

S

A José no le gustan las *verduras* cocidas.

---

vestido [bes'tiðo] 483

S

- Llevas un *vestido* muy bonito.
- El *vestido* negro es muy elegante.

---

vestirse [bes'tirse] 484

S

- Se *viste* elegante.
- Me *visto* en mi habitación.

Gemüseladen

481

S

- In dieser Straße hat ein neuer *Gemüseladen* aufgemacht.
- Dieser *Gemüseladen* verkauft nur Bioprodukte.

Gemüse

482

S

José mag kein gekochtes *Gemüse*.

Kleid

483

S

- Du trägst ein hübsches *Kleid*.
- Das schwarze *Kleid* ist sehr elegant.

sich anziehen

484

S

- Er *zieht sich* elegant *an*.
- Ich *ziehe mich* in meinem Zimmer *an*.

viajar [bia'char] 485

S

¿A dónde *viajan* las chicas?

viento ['biento] 486

S

- En la costa siempre sopla el *viento*.
- El *viento* fuerte me da dolor de cabeza.

vigilar [bichi'lar] 487

S

El personal de seguridad *vigila* el edificio.

vino ['bino] 488

S

- Pedro, ¿has probado ya este *vino*?
- El *vino* de Rioja es normalmente tinto.

verreisen

485 S

Wohin *verreisen* die Mädchen?

Wind

486 S

- An der Küste bläst immer der *Wind*.
- Bei starkem *Wind* bekomme ich Kopfschmerzen.

überwachen

487 S

Das Sicherheitspersonal *überwacht* das Gebäude.

Wein

488 S

- Pedro, hast du schon diesen *Wein* probiert?
- Der *Wein* aus Rioja ist üblicherweise ein Roter.

violencia [bio'lenθia] 489 S

- La *violencia* en las grandes ciudades aumenta.
- En muchas escuelas hay problemas de *violencia*.

---

volar [bolar] 490 S

No le gusta *volar*.

---

volcán [bol'kann] 491 S

El *volcán* entra en erupción.

---

voleibol ['boleibol] 492 S

Vimos el partido de *voleibol* por la tele.

Gewalt

489
S

- Die *Gewalt* in den großen Städten nimmt zu.
- In vielen Schulen gibt es Probleme mit der *Gewalt*.

---

fliegen

490
S

Er *fliegt* nicht gern.

Vulkan

491
S

Der *Vulkan* bricht aus.

Volleyball

492
S

Wir sahen das *Volleyballspiel* im Fernsehen.

vomitar [bo'mitar] 493

S

El bebé ha *vomitado* todo el día.

---

votar [bo'tar] 494

S

- ¿Has ido ya a *votar*?
- Los menores de edad no pueden *votar*.

---

vuelo [buelo] 495

S

- El *vuelo* fue muy tranquilo.
- Durante el *vuelo* el piloto nos comentaba el paisaje.

---

y cuarto [i kuarto] 496

S

- Son las dos *y cuarto*.
- A las seis *y cuarto* salgo de casa.

sich übergeben

493

S

Das Baby hat *sich* den ganzen Tag über immer wieder *übergeben*.

wählen

494

S

- Bist du schon *wählen* gegangen?
- Minderjährige dürfen nicht *wählen*.

Flug

495

S

- Der *Flug* verlief sehr ruhig.
- Während des *Fluges* hat uns der Pilot die Landschaft erklärt.

Viertel nach

496

S

- Es ist *Viertel nach* zwei.
- Um *Viertel nach* sechs verlasse ich das Haus.

y media [i meðia] 497 S

- Son las cinco *y media.*
- Tengo que irme a las tres *y media*.

yo [jo] 498 S

Yo vivo en Barcelona.

zapato [θa'pato] 499 S

- Paula tiene unos *zapatos* nuevos.
- Los *zapatos* nuevos me hacen daño.

zumo [θumo] 500 S

Toma este *zumo,* es muy refrescante.

halb 497 S

–Es ist *halb* sechs.

–Ich muss um *halb* vier gehen.

ich 498 S

Ich wohne in Barcelona.

Schuh 499 S

–Paula hat neue *Schuhe*.

–Die neuen *Schuhe* tun mir weh.

Saft 500 S

Nimm diesen *Saft,* er ist sehr erfrischend.